I0751703

LES

AVENTURES DE SUZANNE

DRAME EN CINQ ACTES ET HUIT TABLEAUX

PAR

M. DUPEUTY

MUSIQUE DE M. MANGEANT,

Représenté pour la première fois, à Paris, sur le théâtre de la Gaîté, le 2 juin 1851.

DISTRIBUTION DE LA PIÈCE.

LE BARON D'HOLBACH, philosophe.	MM. SERVILLE.
LE DUC DE SAINT-ALBAN	MATIS.
LE MARQUIS GASTON DE SAINT-ALBAN, son fils.	BARON.
MAURICE, sergent aux gardes françaises	AUBRÉE.
LENOIR, d'abord petit robin, puis lieutenant de police.	SANDRÉ.
PIERRE RAYMOND, cultivateur.	BONET.
CHARLOT, villageois	FRANCISQUE.
LAGOUACHE, chevalier d'industrie.	ALEXANDRE.
LE DOCTEUR WALDEN.	PEPIN.
LE PRINCE DE ***.	RICHÉ.
EVERARD, vieil intendant.	GALABERT.
SUZANNE, fille de Raymond.	Mmes LACRESSONNIÈRE.
MADELEINE, orpheline.	HENRIETTE NOVA.
LA COMTESSE DE LUCIANO.	BOUDEVILLE.
TOINON.	DELESTRA.
CARLINE.	BETZI.
UN NOTAIRE, VILLAGEOIS, OFFICIERS, SEIGNEURS, GARDES, PIQUEURS, etc.	

La scène se passe en 1770, tour à tour au village de Charny et à Paris.

LES AVENTURES DE SUZANNE.

ACTE PREMIER.

PREMIER TABLEAU.

Le village de Charny, *dans les Vosges.*

A gauche les chaumières, non en vue du public, au fond la grille du château qui laisse voir le jardin, et le devant de la scène représente la ferme de Raymond.

SCÈNE PREMIÈRE.

P. RAYMOND, LENOIR, CHARLOT, SUZANNE, MADELEINE ET PAYSANS. (*Au lever du rideau, ils sont assis autour d'une table, avec quelques personnages accessoires. Lenoir tient à la main un contrat dont il achève la lecture.*)

RAYMOND.

C'est parfait! Par ce contrat, je donne tout mon bien à ma fille Suzanne, à l'exception de ma petite métairie du Val, que je réserve pour dot à Madeleine, car j'espère que ce sera bientôt son tour de se marier.

MADELEINE, *à part.*

Jamais!

CHARLOT.

Soyez heureuse, Suzanne. Vous avez refusé monsieur Lenoir : ça se comprend, un simple homme de loi ; mais moi, c'est humiliant.

RAYMOND.

Sans rancune, monsieur Lenoir. Votre recherche était un bien grand honneur pour nous, mais le choix de Suzanne était fait; je ne pouvais pas forcer son inclination.

LENOIR.

Devant une préférence, il faut se résigner ; mais c'est parfois bien cruel.

MADELEINE, *à part.*

Oh! oui!

CHARLOT, *soupirant.*

Oh! oui!

LENOIR, *regardant Madeleine.*

Je ne suis peut-être pas le seul à avoir besoin de courage.

CHARLOT.

Oh! non!

MADELEINE, *à part.*

Aurait-il deviné que j'aime Maurice?

CHARLOT.

P'têt' ben que si j'avais été riche...

SUZANNE.

Est-ce que Maurice est riche, lui?

CHARLOT.

Non, il est bel homme, voilà tout.

SUZANNE.

Je l'aime, et il m'aime.

CHARLOT.

C'est pas Maurice que j'avais craint que vous épouseriez. J'avais toujours eu peur que vous auriez choisi quelqu'un de cossu qui vous aurait menée à Paris, en carrosse, pour vous mettre dans les grandeurs et dans les robes de soie avec des dentelles.

SUZANNE.

Ah! oui! Paris, les grandeurs, les belles robes, c'est bien gentil, bien tentant; mais j'aime Maurice.

CHARLOT.

Ce que j'en dis, c'est que je sais que vous êtes un tantinet coquette.

SUZANNE.

Moi! Ah! par exemple!

RAYMOND.

J'ai écrit à Maurice, le jour, l'heure, et je suis sûr que notre jeune sergent aux gardes ne se fera pas plus attendre qu'un jour de bataille.

MADELEINE.

Dieu merci! il ne risquera plus sa vie; nous n'aurons plus à trembler pour lui puisqu'il a son congé.

SUZANNE.

Il n'aura plus d'autre commandant que sa femme.

RAYMOND.

J'entends du bruit du côté de la grande route. Est-ce que déjà?...

CHARLOT, *regardant en dehors.*

Non, c'est une voiture qui a l'air de s'être cassé quelque chose. (*Tous se lèvent et vont au-devant de d'Holbach.*)

SCÈNE II.

LES MÊMES, D'HOLBACH.

D'HOLBACH.

Parbleu! c'est jouer de malheur : faire naufrage au port.

SUZANNE.

Comme il est bien habillé!

RAYMOND.

Avez-vous besoin de nos secours, Monsieur?

D'HOLBACH.

Merci, ce n'est rien, et je me reconnais à présent. Voici le château et la ferme. (*Entrant.*) Je n'en suis pas moins votre obligé, mon brave monsieur Raymond.

RAYMOND, *étonné.*

Comment! vous me connaissez?

D'HOLBACH.

Depuis bientôt dix-huit ans.

RAYMOND.

Attendez donc! Monsieur était peut-être attaché au corps d'artillerie où j'ai eu l'honneur de servir?

D'HOLBACH.

Moi! Je n'ai jamais servi; et si je porte une épée, c'est parce que c'est la mode, que je méprise, mais que je suis, et puis, aussi pour donner un passeport aux excentricités qui me traversent l'esprit.

SUZANNE, *à Madeleine.*

Comme il parle mieux que nos paysans, même Maurice!

MADELEINE.

Folle!

D'HOLBACH.

Mais je vous ai dit, monsieur Raymond, que nous étions de vieilles connaissances : ceci demande une explication. Vous souvenez-vous qu'à l'époque dont je vous parle, un jeune gentilhomme d'assez bonne mine, à peine échappé à son précepteur, s'égara dans vos montagnes, où il venait demander à la Flore des Vosges les premiers secrets de la science?

RAYMOND.

Oui, il s'était perdu en herborisant.

D'HOLBACH.

Il reçut dans votre maison la plus cordiale hospitalité.

RAYMOND.

C'est parbleu vrai! le jour de la naissance de Suzanne, il nous manquait même un parrain.

D'HOLBACH.

Et j'eus l'honneur de tenir sur les fonts de baptême votre héritière présomptive.

RAYMOND.

Comment! c'était vous?

D'HOLBACH.

Moi-même, le jeune gentilhomme de bonne mine; seulement, comme il y a dix-huit ans que j'ai bonne mine, ça commence un peu à se passer.

SUZANNE.

Je vous assure que vous êtes encore très-bien, mon parrain. (*Les jeunes filles viennent en scène.*)

D'HOLBACH.

Ah! ah! il paraît que voilà ma charmante filleule.

LENOIR.

Oui, monsieur le baron, celle à qui vous avez prédit, le jour de son baptême, qu'elle serait un jour marquise, à ce qu'on m'a conté, du moins.

D'HOLBACH, *après avoir salué M. Lenoir.*

Je le prédis encore (*Tout le monde rit*).

RAYMOND.

J'en suis bien fâché pour vous, mais vous en serez pour votre prédiction.

D'HOLBACH.

Pourquoi ça?

RAYMOND.

Parce que ma fille épouse aujourd'hui Maurice, un des nôtres.

D'HOLBACH.

Diable! c'est contrariant: moi qui ne me trompe jamais!... aussi, j'ai trop négligé ma filleule; c'est une faute.

RAYMOND.

Nous ne vous en voulons pas, puisqu'elle sera heureuse: cela ne vaut-il pas toutes les richesses, tout l'éclat du monde?

D'HOLBACH.

Comme philosophe j'ai là-dessus mes idées. Celle qui est laide et pauvre, reste pauvre, ignorée; c'est malheureux, mais ce n'est pas injuste: il lui manque le premier échelon. Mais la beauté chez la femme, dans quelque condition qu'elle se trouve, n'est-elle pas une puissance comme le génie chez l'homme? Et ces êtres charmants, qui donnent tant de bonheur, avons-nous le droit de les enfermer dans le cercle impitoyable où les a jetés le hasard de la naissance (*Suzanne lui prête la plus vive attention*).

LENOIR.

Monsieur le baron, permettez-moi de ne pas partager votre avis sur ces doctrines. Heureux qui peut cacher sa vie! (*Les jeunes filles entrent dans la ferme, à droite, premier plan.*)

D'HOLBACH, *allant à Lenoir.*

Monsieur, je ne sais quel malheur vous a frappé, mais vous avez un œil intelligent qui dément vos paroles. Vous ne resterez pas obscur, vous devez aller loin, vous irez loin, c'est moi qui vous le dis.

LENOIR.

Si la prédiction se réalise comme pour mademoiselle Suzanne!.... (*Deux jeunes filles apportent des bouteilles de vin et des gobelets qu'elles déposent sur la table, à gauche, au fond. Raymond prend un gobelet et vient l'offrir à d'Holbach, qui le refuse.*)

D'HOLBACH.

Raillez tant que vous voudrez, ce mariage n'est pas encore fait.

RAYMOND.

Ah! Monsieur, devant ma fille!

D'HOLBACH.

Pardon, brave Raymond, je n'ai pas voulu vous affliger, vous ne me comprenez pas, voilà tout. Gardez vos idées, je garde les miennes, ceci à part, sachez que je suis aujourd'hui puissamment riche, que j'ai quelque crédit, et que tout cela est loyalement et sincèrement à votre service. Mais j'oublie que je suis venu ici pour visiter votre jeune seigneur le marquis de Saint-Alban. Il jetterait de beaux cris s'il savait que j'ai retardé ma visite pour causer avec ceux qu'il appelle ses vassaux... Justement je crois que le voici. (*Au moment où il va gagner la grille du château, le marquis arrive par la gauche avec quelques gardes-chasse et le chevalier de Lagouache.*)

SCÈNE III.

LES MÊMES, LE MARQUIS, LAGOUACHE.

LE MARQUIS.

Maladroits! perdre la piste d'un chevreuil qu'un enfant aurait lancé... Ce soir nous chasserons aux flambeaux, et nous verrons si vous et vos chiens vous prendrez votre revanche... Allez! (*Il leur jette son fusil. D'Holbach se montre.*)

D'HOLBACH, *apercevant Suzanne, à part.*

Suzanne! (*Descendant la scène.*)

LE MARQUIS.

Parbleu! je ne comptais guère sur vous, malgré votre promesse, et, foi de gentilhomme, vous m'auriez manqué, car j'avais mis sur les nombreuses lettres d'invitation à mes jeunes amis : « Nous aurons un philosophe. »

LAGOUACHE.

C'est moi qui les avais rédigées.

D'HOLBACH.

Monsieur Lagouache, pas d'impertinence, si vous tenez à vos oreilles.

LAGOUACHE.

Baron, vous abusez de ce que vous êtes la première lame de Paris.

D'HOLBACH.

Allons donc! croyez-vous que je compromettrais mon épée avec un faquin de votre espèce? Je croyais vous avoir parlé de certains coups de bâton...

LAGOUACHE.

Pardon, je suis un peu sourd, je n'ai pas bien entendu... (*Il s'éloigne et papillonne.*)

LE MARQUIS, *allant à Suzanne.*

Plus jolie que jamais! Lagouache a une surprise à vous faire...

MADELEINE.

Rentrons.

SUZANNE.

Pourquoi?

RAYMOND.

Madeleine a raison... rentrez, jeunes filles.

CHARLOT.

Oui, tendres agneaux, rentrez au bercail.

RAYMOND.

Et nous, mes gars, au-devant de Maurice, c'est moi qui commande la marche. (*Il sort avec les jeunes gens par le fond à droite, Suzanne rentre avec Madeleine dans la ferme.*)

SCÈNE IV.

LE MARQUIS, D'HOLBACH, LAGOUACHE.

D'HOLBACH.

Il me semble, marquis, que vous poursuivez deux sortes de gibier.

LE MARQUIS.

J'avoue que j'ai une fantaisie décidée pour cette petite Suzanne.

D'HOLBACH.

Ah! oui, mésalliance! Pourtant Raymond est presque noble, aucun des officiers de fortune n'a été si remarqué que lui à Fontenoy, et s'il a quitté le service, c'est que vos priviléges ne lui permettaient pas d'arriver au delà du grade de capitaine. Il a mieux aimé revenir à sa charrue.

LE MARQUIS.

Parlons de Suzanne.

D'HOLBACH.

Faudra-il aussi en parler à la comtesse de Luciano?

LE MARQUIS.

Diable, pas du tout... Cette belle et chère Julia, c'est bien assez de la tromper; je veux qu'elle m'aime toujours et surtout je ne veux pas qu'elle se venge...

LAGOUACHE.

Je le crois bien, une Italienne, une vraie Borgia!...

D'HOLBACH.

Et votre noble père le duc de Saint-Alban, modèle d'honneur et de loyauté, inflexible sur les principes éternels de la morale et de la vertu?

LE MARQUIS.

Mon père est toujours à Versailles, auprès du roi, il croit que je m'amende, que je suis venu à ce château de Charny, qui est du bien de ma mère, pour oublier, et surtout faire oublier ce qu'il appelle mes folies.

D'HOLBACH.

Ainsi vous ne craignez personne dans cette nouvelle tentative de séduction?

LE MARQUIS.

Personne !

D'HOLBACH.

Et moi, marquis? (*Lagouache rit.*) Monsieur de Lagouache, vous abusez de ce que j'ai oublié ma canne.

LAGOUACHE.

C'est drôle ! je n'entends pas un mot de ce qu'il dit.

D'HOLBACH.

Je suis le parrain de Suzanne Raymond.

LE MARQUIS.

Ah bah !

D'HOLBACH.

Et si vous l'attaquez, je me déclare son chevalier.

LE MARQUIS.

Son Don Quichotte.

D'HOLBACH.

Je crois au contraire que c'est vous qui serez le chevalier de la triste figure, car aujourd'hui même, Suzanne épouse un simple sergent aux gardes, parti peu digne de sa beauté, je ne dis pas, mais enfin elle le veut.

LE MARQUIS, *à part.*

Diable ! ça presse !

D'HOLBACH, *allant au fond.*

Mais il me semble que ma voiture doit être relevée, mes gens peuvent-ils entrer par le parc ?

LE MARQUIS.

Certainement, par l'avenue qui donne de la grande route.

D'HOLBACH.

A merveille ! je vais leur donner le mot d'ordre. Les pauvres diables doivent être affamés, ainsi que leur maître. (*Il sort un instant.*)

LE MARQUIS, *vivement à Lagouache.*

Eh bien ! qu'as-tu arrangé ? Tu le vois, il n'y a pas un instant à perdre.

LAGOUACHE.

Tout est disposé, il ne s'agit plus que d'attirer Suzanne au château, et je m'en charge. Une fois là, nous la conduisons à la petite porte qui donne sur la cour de l'orangerie, près de cette porte se trouve, toute préparée, la voiture aux enlèvements. De gré ou de force, nous ferons monter la petite : aussitôt les portières se referment, les glaces sont remplacées par des panneaux qui interceptent les regards et étouffent la voix, la chaise est attelée, les postillons en selle, les relais commandés, nos gens les plus dévoués sont là ; et fouette cocher, au grand galop jusqu'à votre petite maison de Ménilmontant.

LE MARQUIS.

Chut ! voici le baron !

D'HOLBACH, *au fond.*

Eh bien ! marquis, et le déjeuner ? Pour être philosophe on n'en est pas moins homme.

LE MARQUIS.

A table! Et nous boirons à la santé de Suzanne. (*Ils entrent au château*)

LAGOUACHE, *apercevant Suzanne.*

Elle revient! tenons-nous aux aguets. (*Il sort à gauche.*)

SCÈNE V.

SUZANNE, MADELEINE, TOINON, JEUNES FILLES, LAGOUACHE.

SUZANNE, *entrant pensive.*

Une surprise! qu'est-ce que ça peut être? Franchement et en bonne camarade je ne dois pas garder ça pour moi seule. (*Elle appelle*) Madeleine, Toinon, Ursule.

TOUTES, *arrivant.*

Qu'y a-t-il donc?

SUZANNE.

Vous ne savez pas... Il paraît qu'au château on nous ménage une surprise.

TOUTES.

Quelle surprise?

SUZANNE.

Ça doit être quelque chose de gentil, un seigneur si riche... (*Lagouache est entré à pas de loup et se place au milieu d'elles, Suzanne, en le voyant, pousse un cri, qui est répété de toutes.*) Mais, tenez, voilà quelqu'un qui va tout vous dire.

LAGOUACHE.

Je viens auprès de vous comme ambassadeur, charmantes poulettes! mon maître, monsieur le marquis Gaston de Saint-Alban n'oublie pas que, suivant un usage immémorial, et à l'occasion des fiançailles de mademoiselle Suzanne, il doit se montrer grand et généreux, non-seulement envers la fiancée, mais encore à l'égard de toutes les jeunes filles du village. Or donc, moi, chevalier de Lagouache, j'ai été expédié ces jours derniers à Paris, en courrier extraordinaire, et j'en ai rapporté les plus jolis colifichets.

SUZANNE.

Pour moi!

TOUTES.

Pour moi, pour moi?

LAGOUACHE.

Pour chacune de vous sans distinction, depuis la belle Suzanne, la sévère Madeleine, jusqu'à la folâtre Toinon.

TOUTES, *excepté Madeleine.*

Vive monseigneur!

MADELEINE.

C'est bien tentant. Mais n'avons-nous pas déjà les simples parures qui nous conviennent?

LAGOUACHE.

Vous êtes déjà charmantes, vous serez magnifiques, puis vous verrez le château, les merveilles de son luxe, dont vous n'avez pas d'idée. Les tapisseries, les meubles d'or et de soie, les glaces où l'on se mire des pieds à la tête.

SUZANNE.

Il faut donc aller au château?

LAGOUACHE.

C'est moi qui vous y conduirai comme grand maître des cérémonies.

MADELEINE.

Pense à Maurice!...

SUZANNE.

Maurice me trouvera plus belle.

LAGOUACHE.

Qui m'aime me suive. (*Il entraîne au château toute la volée des jeunes colombes, excepté Madeleine qui s'y refuse et dont les autres se moquent.*)

TOINON.

Bégueule, va! (*Elle sort en courant.*)

SCÈNE VI.

MADELEINE, CHARLOT, *à une fenêtre à gauche, deuxième plan.*

MADELEINE.

Mes craintes sont peut-être exagérées, mais j'aime tant Maurice que je tremble pour son bonheur.

CHARLOT.

Quelle infamie! c'est qu'elles y vont, les folles!

MADELEINE.

Tu étais là, Charlot?

CHARLOT.

Oui.

MADELEINE.

Et tu écoutais?

CHARLOT.

Oui, c'est Maurice qui va être content pas trop, avec son caractère aimable, mais très-brutal.

MADELEINE.

Qu'est-ce qui le lui dira?

CHARLOT.

Moi, donc! Je crois que j'aperçois là-bas sur la côte toute la bande joyeuse... (*Il saute par la fenêtre.*) Oh eh! les autres!... par ici (*Il va au-devant d'eux par la droite*).

MADELEINE, *regardant en dehors.*

Oui, c'est lui, c'est Maurice! Oh! mon pauvre cœur! comme

ses amis le pressent, comme il est aimé de tous, comme il est beau! Ah! Suzanne, que tu es heureuse!

SCÈNE VII.

MADELEINE, MAURICE, RAYMOND, CHARLOT, VILLAGEOIS, *et deux enfants dont l'un a le sac et l'autre le fusil de Maurice.*

MAURICE, *en uniforme.*

C'est gentil à vous les enfants d'être venus au-devant d'un pays. Dieu merci, nous ne nous quitterons plus. Au diable le sac du soldat! Adieu la gloire et bonjour au bonheur!... Comme te voilà embellie, petite Madeleine. Toi, par exemple, ça n'est pas la même chose.

CHARLOT, *à part.*

Malhonnête!

MAURICE.

Mais Suzanne? où donc est Suzanne?

RAYMOND.

C'est vrai, elle devrait être là!

CHARLOT.

Je m'en vas vous dire.

MADELEINE, *bas.*

Tais-toi... (*Haut.*) Quand on attend son fiancé, il est bien permis d'être un peu plus longtemps à sa toilette.

RAYMOND.

Elle était tout habillée. (*Madeleine baisse les yeux.*)

MAURICE.

Il y a quelque chose ici qu'on ne me dit pas.

MADELEINE, *à part.*

Comment lui avouer...

MAURICE, *à Charlot.*

Tu le sais, parle... Eh bien! est-ce que tu ne m'entends pas? Parleras-tu? (*Il secoue Charlot, les villageois les séparent.*)

CHARLOT.

Un rien, presque rien, moins que rien... ces demoiselles ont voulu tant seulement faire une petite visite au château.

RAYMOND *et* MAURICE.

Au château!... chez ce marquis!...

MADELEINE.

Ne vous fâchez pas... Un peu de curiosite bien naturelle, un simple enfantillage. Tenez, les voilà déjà qui reviennent. (*La nuit vient graduellement jusqu'à la fin du tableau.*)

SCÈNE VIII.

LES MÊMES, TOINON, LES JEUNES FILLES, *puis* D'HOLBACH.

(*Les jeunes filles, parées et enrubannées, sortent du château; mais Maurice cherche en vain Suzanne parmi elles.*)

TOUTES.

Tiens! c'est Maurice!

MAURICE.

Suzanne! où est-elle?

TOINON.

Elle est si curieuse!... Elle a voulu tout voir, elle a même voulu s'asseoir sur les coussins d'une belle voiture, où elle se carrait comme une grande dame. Puis, je ne sais comment nous avons été séparées d'elle; mais une porte s'est refermée entre elle et nous, et enfin... voilà.

RAYMOND, *à Toinon.*

Mais elle! elle! malheureuse!

D'HOLBACH, *rentrant, son épée à la main.*

Raymond, le marquis est un misérable! Je n'ai pu la défendre contre tous. Voyez, mon épée est brisée!

MAURICE.

Malédiction!

TOUS.

Au château!

D'HOLBACH.

Les grilles se ferment au dedans, les portes sont barricadées. (*Des domestiques ont fermé les grilles.*)

MAURICE.

Nous les briserons! (*Bruit de voiture.*) Enlevée!... Le feu! le feu!... (*Il saute sur son fusil et sort à droite.*)

D'HOLBACH.

Le malheureux! il se perd. Retenez-le! (*Une partie des paysans cherche à le retenir, d'autres le suivent.*)

RAYMOND.

Ma fille! ma fille!

D'HOLBACH.

A Paris, chez le duc de Saint-Alban! (*Tout le monde sort par la droite, au fond. — On aperçoit les lueurs de l'incendie.*)

FIN DU 1er TABLEAU.

DEUXIÈME TABLEAU.

Chez le duc de Saint-Alban.

SCÈNE PREMIÈRE.

LE DUC, D'HOLBACH, MADELEINE, RAYMOND.

D'HOLBACH.

Tout ce que vient de vous dire cette jeune fille, monsieur le duc, est la vérité, vérité cruelle pour votre cœur de père, pour votre honneur de gentilhomme.

LE DUC.

Une fille enlevée, déshonorée! Un homme condamné à mort comme incendiaire! Et tout cela par celui qui porte mon nom!...

MADELEINE, *à genoux et pleurant.*

Grâce pour Maurice, Monseigneur!

RAYMOND.

Justice et réparation pour ma fille!

LE DUC, *relevant Madeleine.*

Relevez-vous, mon enfant. Pourquoi n'ai-je pas su cela plus tôt!

D'HOLBACH.

Vous étiez absent pour le service du roi, monsieur le duc. Le brave Raymond, dont les blessures s'étaient rouvertes, était retenu sur son lit de douleur. En faisant un éclat, j'aurais flétri deux noms : celui du père infortuné, et le vôtre, Monseigneur, qu'on est accoutumé à regarder comme synonyme d'honneur et de loyauté.

LE DUC.

Vous n'avez compté que sur moi; je vous en remercie, monsieur le baron. (*A Madeleine.*) Mon enfant, ce Maurice, m'avez-vous dit, est condamné?

MADELEINE.

A mort! Monseigneur... Ils vont le tuer!

LE DUC.

Calmez-vous! Je ne puis répondre d'obtenir entièrement sa grâce; mais Maurice ne mourra pas... il ne doit pas mourir... Je vous le promets sur ma foi de gentilhomme!

MADELEINE.

Oh ! merci, monsieur le duc ! Je cours à la prison de Maurice pour lui annoncer l'heureuse nouvelle. (*Elle baise les mains du duc et sort par le fond*).

SCÈNE II.

LE DUC, D'HOLBACH, RAYMOND.

LE DUC *sonne. Un laquais paraît.*

Qu'on cherche le marquis et qu'on lui dise que je l'attends. (*Le laquais sort.*)

RAYMOND.

Vous ne m'avez pas encore répondu, monsieur le duc... Vous ne voyez donc pas que je meurs de honte devant vous.

LE DUC.

La honte est plus à moi qu'à vous, Raymond ; et croyez que je ferai tout pour qu'il ne reste aucune tache à mon nom, à ma famille. M. d'Holbach, veuillez passer un moment dans ma bibliothèque, et ne vous éloignez pas, je vous en prie; j'aurai besoin de votre témoignage.

D'HOLBACH.

Noble cœur ! et quel fils !... (*Il sort à gauche, premier plan.*)

SCÈNE III.

LE DUC, RAYMOND.

RAYMOND.

Je suis venu à vous plein de confiance ; vous savez aussi bien que moi ce qu'il convient de faire.

LE DUC.

Je vous devine, monsieur Raymond; mais c'est impossible. Avez-vous pensé aux préjugés du monde, avez-vous pensé que je dois aussi quelque chose à mon titre de duc et pair du royaume?

RAYMOND.

Je sais que la distance est grande, et si je ne puis la combler, j'ai du moins essayé de faire un pas pour me rapprocher du rang où la naissance vous a placé. J'ai porté l'épaulette, distinction rare chez ceux qui ne sont pas nés...... Par plus d'une action d'éclat, permettez-moi cet orgueil, au nom de mon enfant ; j'ai mérité des récompenses que jusqu'ici j'avais négligé de revendiquer. Aujourd'hui, avant de me rendre à l'hôtel Saint-Alban, je suis allé chez le ministre de la guerre, sous les ordres duquel j'ai servi autrefois... Je lui ai rappelé comment à Fontenoy j'eus le bonheur d'arracher le maréchal de Saxe à un péril imminent; il y a vingt-cinq ans de cela, mais mon ancien général a bonne mémoire, et il a pensé qu'il n'y avait pas prescription pour de pareils services. Je n'ai rien perdu pour attendre, et voilà ce que j'ai obtenu. (*Il donne au duc un parchemin.*)

LE DUC.

Le brevet de chevalier de Saint-Louis! Mais, cet ordre confère la noblesse et vous fait gentilhomme! Bénie soit la main qui a signé ce brevet!

UN LAQUAIS, *annonçant.*

Monsieur le marquis.

RAYMOND.

Lui! Je me retire! je ne serais pas maître de mon indignation.

LE DUC.

Raymond, ne vous éloignez pas, entrez là. (*Il le fait entrer à droite, premier plan.*)

SCÈNE IV.

LE DUC, LE MARQUIS.

LE MARQUIS.

Monsieur le duc, je m'empresse de me rendre à vos ordres.

LE DUC.

Monsieur, je ne veux pas vous rappeler le passé; vos dérèglements, vos désordres, j'ai oublié bien des fautes: mais la dilapidation de la fortune de votre mère, des liaisons qui dégradent, la honte de voir par vous traîner mon nom dans ces infâmes maisons où ce que l'on risque de moins fatal, c'est d'y laisser sa dignité d'homme: avez-vous oublié tout cela?

LE MARQUIS.

Mon noble père veut-il parler de la demoiselle Saint-Phar, si célèbre en Hollande, en Allemagne. Chacun sait qu'elle a failli devenir margrave.

LE DUC.

On sait aussi qu'elle a préféré rester princesse de l'intrigue et des rendez-vous secrets.

LE MARQUIS.

Je vous jure, Monsieur, que la robe, l'épée, la finance, des princes même, s'y montrent à visage découvert, sans que le monde songe à leur en faire l'ombre d'un reproche.

LE DUC.

De mon temps, monsieur, un gentilhomme aurait rougi de mettre le pied dans cet hôtel, où, sous la soie et le velours, se montre le vice le plus éhonté, où sur le front de chaque femme est gravé ce mot ineffaçable : Perdue !

LE MARQUIS.

Vous êtes sévère, mon père!...

LE DUC.

J'oublierais peut-être encore, si vous ne veniez de couronner dignement votre conduite par un acte de déloyauté, par un crime...

LE MARQUIS.

Un crime!

LE DUC.

N'en est-ce pas un, que d'enlever une jeune fille à son père?... Vous n'étiez que vicieux, vous êtes un infâme!...

LE MARQUIS.

Mon père!

LE DUC.

Oui, un infâme, car cette jeune fille était pure et élevée dans les principes de la vertu, et vous l'avez entraînée dans un piége odieux, vous lui avez volé son honneur. Heureusement, le mal que vous avez fait, vous pouvez le réparer.

LE MARQUIS.

Comment?

LE DUC.

En épousant cette jeune fille.

LE MARQUIS.

Quoi! c'est vous qui me le proposez, monsieur le duc, vous, qui portez si haut le juste orgueil de votre nom?

LE DUC.

C'est pour que ce nom reste digne du respect de tous, que je vous enjoins d'effacer la honte dont vous l'avez souillé!

LE MARQUIS.

J'ose croire que mon père daignera réfléchir à un acte sans exemple dans la noblesse.

LE DUC.

Plût à Dieu que vous ne lui eussiez jamais donné que des exemples pareils.

LE MARQUIS.

J'ai eu des torts, je le sais; mais qui vous dit que cette jeune fille, que vous voulez nommer la vôtre, ne préfère pas la vie indépendante qu'elle a acceptée à l'honneur que vous voulez lui faire?

RAYMOND, *rentrant de droite.*

Tu mens! tu calomnies!

LE MARQUIS, *étonné.*

Raymond!!

LE DUC, *à Raymond.*

Soyez calme! Et vous, marquis, trêve à de vaines récriminations, et préparez-vous à obéir!

LE MARQUIS.

Mon père m'accordera bien au moins le temps nécessaire pour retrouver celle qu'il me destine.

RAYMOND.

Que dit-il?

LE DUC.

Comment!

LE MARQUIS.

Que depuis un mois Suzanne a disparu, et que j'ignore absolument où elle est à présent.

SCÈNE V.

LES MÊMES, D'HOLBACH.

D'HOLBACH, *sortant de la bibliothèque.*

Si monsieur le duc le permet, je viendrai en aide à la mémoire de monsieur le marquis.

LE MARQUIS, *à part.*

D'Holbach! que Satan le confonde!

LE DUC.

Parlez, baron, je vous en prie.

D'HOLBACH.

Monsieur le marquis ne connaît-il pas sur le coteau de Menilmontant, une charmante retraite aux bosquets mystérieux, acquise il y a peu de temps par un certain Lagouache, que monsieur le marquis a dû rencontrer quelquefois dans le monde?

LE MARQUIS.

Monsieur, de quel droit vous permettez-vous de m'interroger?...

D'HOLBACH.

De par monsieur le duc qui me l'accorde, et de par moi qui me permets de le prendre.

LE DUC.

Achevez!

D'HOLBACH.

Cette maison a été achetée par vous au moment de l'enlèvement... Cette maison, Suzanne l'habite... Osez le nier!

LE MARQUIS.

Il paraît, baron, que votre police est parfaitement faite. M. Lenoir, votre ancienne connaissance, pourrait vous employer avec avantage.

LE DUC.

Silence, Monsieur, le temps de l'impudence est passé. Songez à vous soumettre. — Chevalier Raymond...

LE MARQUIS.

Chevalier!..

LE DUC.

Oui, Monsieur, plus chevalier que vous n'êtes marquis, car vous alliez déshonorer le titre que vous ont légué vos pères, et lui, il a conquis le sien au prix de son sang. — Chevalier Raymond, je vous demande pour le marquis de Saint-Alban la main de votre fille.

D'HOLBACH.

Monsieur le duc, permettez au philosophe de s'incliner devant vous. Voilà la vraie philosophie, la bonne, et nous, qui nous contentons de faire de la théorie, nous devons baisser pavillon devant une aussi noble pratique.

LE DUC.

Baron, ne louez pas ce qui n'est qu'un devoir.... Je vais à Versailles demander au roi qu'il veuille bien donner son agrément au mariage de l'héritier des Saint-Alban. Oh là! quelqu'un. (*Paraît un laquais.*) Mon carrosse!... monsieur Raymond vous y monterez avec moi, vous me ferez l'honneur de m'accompagner et je vous présenterai à Sa Majesté. Vous Monsieur, à mon retour de Versailles vous me présenterez votre fiancée. Venez Raymond! (*Ils sortent par le fond.*)

D'HOLBACH.

Allons prévenir Suzanne! (*Il les suit.*)

SCÈNE VI.

LE MARQUIS, LA COMTESSE DE LUCIANO.

LE MARQUIS.

Pris au piége comme le plus sot des renards!.. Certainement Suzanne est charmante, je ne dis pas, mais charmante maîtresse, voilà tout. Julia me l'avait bien dit en partant pour l'Italie : soyez fidèle ou malheur à vous. Malédiction! comment me tirer de là! (*Il tombe sur une chaise. En ce moment une petite porte secrète, à droite, s'ouvre, la comtesse de Luciano paraît et vient près de lui*). Que vois-je? vous? Vous ici, chère Julia?

LA COMTESSE.

Vous avez été infidèle, Gaston, et le malheur est venu.

LE MARQUIS.

Je vous jure.....

LA COMTESSE.

Ne mentez pas! Je sais tout!... Vous m'avez trahie, et vous me connaissez, pourtant!

LE MARQUIS.

Je vous connais comme la plus belle et la plus aimée..... Je me souviens que vous m'avez préféré à tous, et j'en suis plus fier que de l'amour d'une reine.....

LA COMTESSE.

Vous souvenez-vous aussi que pour vous j'ai tout donné, l'espoir d'une grande fortune dont ma famille m'a déshéritée, l'estime du monde que m'a enlevée le mépris de votre père; je ne m'en plains pas, je l'ai voulu, mais à la condition d'être aimée, d'être aimée seule, aussi malheur à celle qui vient se placer entre moi et mon bonheur!!

LE MARQUIS.

Mais, comtesse, vous exagérez!...

LA COMTESSE.

Je sais tout, vous dis-je: l'oreille collée contre cette porte, qui donne dans mon hôtel, et dont vous aviez promis de ne pas oublier le chemin, je n'ai pas perdu un mot de tous ces beaux projets de mariage.

LE MARQUIS.

Mais alors vous avez dû entendre aussi tout ce que j'ai tenté pour échapper à ce guet-apens.

LA COMTESSE.

Oui, le repentir a suivi de près la faute, et cela me décidera peut-être à la clémence.

LE MARQUIS, *lui baisant la main.*

Que vous êtes bonne!... Vous voyez l'embarras où je me trouve devant l'inflexible volonté de mon père; guidez-moi, conseillez-moi, vous, mon beau démon familier.

LA COMTESSE.

J'y consens, mais il faudra m'obéir.

LE MARQUIS.

Aveuglément. Que faut-il faire?

LA COMTESSE.

Mettez-vous là et écrivez.

LE MARQUIS.

Que j'écrive? Pourquoi?

LA COMTESSE.

C'est indispensable.

LE MARQUIS.

Allons, je me soumets.

LA COMTESSE, *dictant.*

« Cher et honoré père, vous avez ordonné et j'obéis. Je vous présenterai ma future, vous jugerez alors vous-même si, malgré la soumission de votre fils, il avait tort de refuser ce mariage, et si Suzanne Raymond est digne de porter le nom de Saint-Alban. » Maintenant signez et cachetez.

LE MARQUIS.

Je signe et j'appose mon cachet, mais franchement je voudrais bien savoir... *(Il lui donne la lettre.)*

LA COMTESSE, *la déposant sur la table.*

A son retour, monsieur le duc trouvera là cette lettre. Commencez-vous à deviner?

LE MARQUIS.

Pas du tout.

LA COMTESSE.

Cela viendra. Maintenant il faut trouver un moyen de faire venir ici cette fille.

LE MARQUIS.

Faire venir Suzanne! En vérité je m'y perds!...

LAGOUACHE, *entrant du fond.*

Justement voici le baron d'Holbach qui nous l'amène.

SCÈNE VII.

LES MÊMES, D'HOLBACH, SUZANNE, LAGOUACHE.

D'HOLBACH, *donnant la main à Suzanne.*

Entrez, Suzanne, je vous le répète, vous êtes ici chez vous.

SUZANNE.

Est-ce un rêve?

D'HOLBACH.

Le marquis vous le dira lui-même.

LA COMTESSE.

Oui.

LE MARQUIS.

Oui, Suzanne! La voix de mon noble père a retenti au fond de mon cœur; je me suis repenti. . Je sais bien que votre amour appartient à un autre, mais si je ne puis vous donner le bonheur que vous aviez rêvé, au moins vous serez riche, brillante vous serez une grande dame.

D'HOLBACH.

Très-bien!

LA COMTESSE.

Très-bien!

LE MARQUIS, *à part.*

Il faut que la jalousie lui inspire quelque bonne perfidie.

LA COMTESSE, *avec ironie.*

Vous vous taisez, Suzanne?

SUZANNE, *à part.*

Oh! mon pauvre Maurice!

D'HOLBACH.

Pensez à votre père.

SUZANNE.

Oui, vous avez raison, le monde le veut, l'exige.

LA COMTESSE, *à part.*

Et moi je ne le veux pas! (*Elle parle bas à Lagouache.*)

SUZANNE.

Et d'ailleurs Maurice voudrait-il de moi? Malheureuse!

D'HOLBACH.

Je vous laisse avec votre époux, c'est à lui de sécher vos larmes (*Il la conduit à une chaise à droite.*) Quant à vous, madame la comtesse, vous devez comprendre que vous n'avez plus rien à faire ici.

SUZANNE.

Mon père! ah! du moins je pourrai te revoir sans rougir.

LE MARQUIS, *à la comtesse.*

Que faire à présent?...

LA COMTESSE, *lui donnant son bouquet.*

Lui dire de douces paroles et lui donner ce bouquet. (*A d'Holbach.*) Votre main, monsieur le baron!

D'HOLBACH, *en s'en allant.*

Je l'avais bien dit qu'elle serait marquise! (*Ils sortent par le fond.*)

LE MARQUIS.

Allons jusqu'au bout! Elle aime trop mon héritage pour laisser faire ce mariage... — Suzanne, ma bonne Suzanne, pourquoi trembler ainsi? pardon pour le passé, espérance pour l'avenir. Prenez ces fleurs!... avant qu'elles aient eu le temps de se faner, vous serez marquise de Saint-Alban.

SUZANNE.

L'avenir, oui, la grandeur, les richesses, la prédiction de mon parrain, mais le bonheur, mais Maurice... (*Elle respire machinalement le bouquet, puis elle chancelle et se laisse tomber sur la chaise, en lâchant le bouquet.*) Je ne sais ce que j'éprouve. Ah! mon Dieu! ah!

LE MARQUIS.

Le bouquet de l'Italienne! Elle est morte!

LAGOUACHE, *entrant de gauche.*

Endormie seulement... (*Deux laquais paraissent.*) La chaise est-elle prête?

LE LAQUAIS.

Oui.

LE MARQUIS.

Que vas-tu faire? où veut-on l'emporter?

LAGOUACHE.

Chez la Saint-Phar.

LE MARQUIS.

Ah! je comprends. (*Les deux laquais l'emportent, le rideau baisse.*)

FIN DU 1er ACTE ET DU 2e TABLEAU.

ACTE II.

TROISIÈME TABLEAU.

Splendeur de Suzanne.

A Paris dans les jardins d'un hôtel brillant du faubourg Saint-Honoré. A droite, un pavillon élégant. A gauche, des serres. Une petite porte dans un mur, au fond à gauche. Au fond, une grille formant clôture et qui laisse voir la ville et une route; à droite, un banc de jardin. Premier plan, à gauche, une chaise.

SCÈNE PREMIÈRE.

CHARLOT, DOMESTIQUES, *puis* MADELEINE.

CHARLOT, *venant de droite.*

Allons, allons, paresseux, un peu d'activité dans le service...

UN DOMESTIQUE, *venant de gauche.*

Monsieur Charlot, une jeune fille demande à vous parler.

CHARLOT, *assis sur le banc.*

C'est insupportable : on n'a pas un moment à soi.

LE DOMESTIQUE.

Je vais lui dire que monsieur Charlot n'est pas visible, alors.

CHARLOT.

Est-elle jolie, cette enfant ?

LE DOMESTIQUE.

Charmante.

CHARLOT.

Allons, voyons, faites entrer.

LE DOMESTIQUE, *à part, sortant avec les autres.*

Fait-il ses embarras, ce mauvais paysan-là? (*Puis il introduit Madeleine. Charlot s'est étendu avec importance sur un des siéges qui garnissent les jardins.*)

LE DOMESTIQUE.

Monsieur, voilà la jeune fille.

MADELEINE, *reconnaissant Charlot.*

Bonjour, Charlot.

CHARLOT.

Madeleine!... (*Il se lève.*)

LE DOMESTIQUE, *à part.*

Sans doute quelque vachère de son village. (*Il se retire.*)

MADELEINE.

On ne m'avait pas trompée ; tu es entré au service de Suzanne.

CHARLOT.

De madame de Sainte-Rose, s'il vous plaît.

MADELEINE.

Madame ! est-ce qu'elle est mariée?

CHARLOT.

Je ne le lui ai pas demandé ; ce que je sais, c'est qu'elle est riche, adorée et très-généreuse... Ce qui m'a décidé à faire partie de sa maison.

MADELEINE.

Tu es ambitieux, Charlot !

CHARLOT.

Ma foi, oui... je veux aussi me pervertir, devenir un coquin de valet; qui sait! après avoir monté derrière la voiture, je pourrai peut-être, à mon tour, m'asseoir dedans. (*En ce moment on voit Maurice à la grille du fond.*) Bon ! qu'est-ce qui vient encore nous déranger?... (*Allant à lui.*) Un mendiant ! qui se permet... passez votre chemin, brave homme, on ne peut rien vous faire... (*Maurice continue sa route vers la gauche.*) Je ne peux pas souffrir les pauvres... je ne conçois pas qu'on soit pauvre !...

MADELEINE, *à part.*

Comme on oublie, à la ville !... (*Haut et plus froidement.*) Monsieur Charlot, voulez-vous demander à Suzanne?...

CHARLOT.

Sainte-Rose, s'il vous plaît...

MADELEINE.

A madame de Sainte-Rose, si elle peut recevoir la pauvre Madeleine?...

CHARLOT.

Madame est sortie pour le quart d'heure ; elle caracole au bois de Boulogne avec tout ce qu'il y a de mieux en grands seigneurs, sans compter monsieur de la Gouache, et monsieur le marquis.

MADELEINE.

Le marquis de Saint-Alban?

CHARLOT.

Lui-même, en personne.

MADELEINE.

Mais, ce qu'on m'a conté...

CHARLOT.

Il paraîtrait que madame lui aurait pardonné; ce qu'il y a de sûr, c'est qu'il en est fou à lier... à preuve qu'il lui a donné cet hôtel magnifique, sans compter les joyaux et les équipages.

MADELEINE, *à part.*

Ah ! je voudrais être loin d'ici ; mais songeons au motif qui m'amène...

CHARLOT, *à part.*

Est-ce que la petite viendrait aussi pour se pervertir?...

MADELEINE.

Sais-tu, Charlot, si ta maîtresse sera longtemps à rentrer?

CHARLOT.

Ça dépendra de son caprice... Mais, Dieu me pardonne... il me semble que j'entends... Oui, le suisse ouvre la grande grille... C'est la cavalcade qui revient... Je vais vous présenter.

MADELEINE.

Oh! pas devant ce marquis.

CHARLOT, *conduisant Madeleine à gauche.*

Eh bien! je vous préviendrai. Entrez dans cette serre : vous y serez en compagnie des fleurs... de vos pareilles. (*A lui-même.*) J'espère que je commence à me former assez galamment.

MADELEINE, *voyant entrer Suzanne en brillant costume de cheval.*

Elle! Est-ce bien elle? (*Elle entre dans la serre.*)

SCÈNE II.

SUZANNE, D'HOLBACH. (*D'Holbach arrive par la droite. Premier plan; Suzanne entre par la droite et donne sa cravache à Charlot, qui se retire.*)

SUZANNE, *en costume de cheval très-élégant, d'un ton cavalier.*

Bonjour, baron!

D'HOLBACH.

D'honneur! j'avais peine à vous reconnaître.

SUZANNE, *s'asseyant sur le banc nonchalamment.*

Comment! depuis huit jours que vous ne m'avez vue, me trouvez-vous donc si changée?

D'HOLBACH.

Certes, chaque semaine vous apporte une grâce nouvelle, et vous faites de merveilleux progrès dans l'état de femme à la mode. Cet habit vous sied à ravir...

SUZANNE.

Bon! n'allez-vous pas me flatter comme les autres! J'attendais mieux de vous, et c'est pour cela que, vous apercevant de loin, et voulant causer un instant avec vous, j'ai congédié mon escorte... Un prétexte... mon éventail oublié au pavillon du Cours-la-Reine... et tous ces beaux seigneurs sont partis au galop.. C'est à qui me rapportera cet éventail et gagnera le sourire que je donne pour récompense.

D'HOLBACH, *s'asseyant près d'elle.*

Votre existence est toute de fêtes et de triomphes!

SUZANNE, *tristement.*

Oui, tout cela est très-amusant et très-glorieux.

D'HOLBACH.

Suzanne, pourquoi cet air sombre, vous qui, tout à l'heure,

m'apparaissiez riante et joyeuse, dans tout l'éclat de la parure et de la beauté?

SUZANNE.

Oui, oui... répétez-moi cela... dites-moi bien que je suis heureuse, brillante, enviée; que ces parures me font valoir; que ce luxe qui m'entoure est la félicité suprême. J'ai besoin de ces louanges pour m'étourdir; il me faut le bruit, l'éclat, le tourbillon des fêtes et des plaisirs pour m'empêcher d'entendre le cri de honte qui est dans ma conscience, et le cri de désespoir qui est dans mon cœur!... (*Changeant de ton.*) Je suis bien folle, n'est-ce pas, d'avoir encore de ces idées-là?

D'HOLBACH.

Pauvre femme!... Le ciel m'est témoin que, s'il eût dépendu de moi, je vous aurais sauvée.... Mais il y a une fatalité! Le génie du mal était là; il avait à son service la richesse, la grandeur, l'audace, l'impunité...

SUZANNE.

Et il a fait de moi ce qu'il a voulu!... Et dans cette abominable maison, où l'on m'avait portée endormie, je me réveillai devant la malédiction de mon père!... Car il avait amené là les deux vieillards, mon père et le sien, pour leur donner le spectacle de mon abjection!

D'HOLBACH.

Oui, tout était bien calculé pour vous perdre sans retour!

SUZANNE.

Ils me laissèrent seule, et je ne sais comment je m'échappai de cet infâme lieu! Egarée, la tête perdue de désespoir, de douleur et de honte, j'errai longtemps dans les rues désertes et sombres, marchant au hasard. Je n'avais pas de but. et pourtant, lorsqu'après quelques heures de cette course insensée, je me heurtai au parapet d'un pont, je dis : « C'est ici!... Là était l'oubli, le repos!... J'étais résolue à mourir... mais une pensée m'arrêta... une pensée de vengeance! Ce monstre qui m'a perdue, il vivra donc, lui! me dis-je. Il vivra impuni, heureux, triomphant! lui qui m'a flétrie! lui qui a tué Maurice! Non.... non!... » Et je me redressai sur le bord de l'abîme... Dès que ma résolution fut prise, ma tête se calma; je marchai d'un pas assuré, et retrouvai mon chemin dans la nuit, comme par enchantement et comme si une invisible main m'avait guidée. Je regagnai ma demeure... je rentrai, sans être aperçue, dans cet appartement qu'un génie infernal avait si bien orné pour ma chute, et, foulant aux pieds ce luxe odieux, ces parures infâmes, ces colliers, ces pierreries qui me faisaient horreur..... de tous ces dons détestés, je ne repris et n'emportai qu'une arme pour ma vengeance...

D'HOLBACH.

Un poignard...

SUZANNE.

Sans vous, je l'aurais tué!

D'HOLBACH, *lui pressant la main.*

Oui, mais j'étais là!... Est-ce que cette main fine et blanche est faite pour manier le fer? Est-ce que les femmes se vengent ainsi? Vos armes, ce sont les sourires, les doux regards, les enivrantes paroles. Voilà votre arsenal, votre force invincible! On vous a humiliée, trompée, perdue?... Prenez votre revanche, et si la vengeance vous plaît, vous pourrez vous satisfaire. A vous le luxe, l'éclat, la splendeur, la puissance! Et quand ils seront à vos pieds, tous ces railleurs de la vertu, tous ces complices de votre chute, tous ces insulteurs de votre désespoir, alors vous aurez votre tour, et vous leur rendrez peine pour peine, insulte pour insulte, douleur pour douleur!... Vous ai-je trompée, et ne commencez-vous pas à voir que j'avais raison?

SUZANNE.

J'accepte ma destinée... Plus de larmes, plus de colère!... Je veux être belle, je veux plaire, je veux éblouir... Il n'y a plus de Suzanne! La pauvre fille éplorée a cessé d'exister... A sa place, il y a une femme joyeuse, hardie, rayonnante!

D'HOLBACH.

Et me voilà une seconde fois votre parrain!

SUZANNE.

De la plus belle fleur de mon bouquet, vous m'avez fait un nom.

D'HOLBACH.

Et tout Paris admire et adore la belle madame de Sainte-Rose.

SUZANNE.

Que m'importe tout Paris!... C'est lui, c'est le marquis que je veux!... il dédaignait la pauvre fille tombée... et lorsqu'il m'a vue brillante, recherchée, il m'a aimée. Je ne lui pourtant ménagé ni les dédains, ni les mépris... eh! bien il m'a aimée!... il m'aime...

D'HOLBACH.

Et vous le mènerez où vous voudrez. Etrange caprice du cœur humain!... cet indigne gentilhomme qui eût rougi de donner son nom à une jeune fille obscure et sage, lorsque l'honneur le lui commandait, se laissera entraîner par l'égarement et le délire...

SUZANNE.

Jusqu'à épouser une courtisane brillante et fêtée, n'est-ce pas? Mais l'épouser... moi!

D'HOLBACH.

Je tiens à ma prédiction.

SUZANNE.

L'épouser... non; le conduire à la ruine, à la honte, lui rendre tous mes tourments... Qu'il soit maudit par son père, comme je l'ai été par le mien... que son sort soit plus misérable encore que celui de Maurice... Voilà où je veux le conduire et puis mon rôle sera fini... je quitterai ce luxe... et je rentrerai dans mon obscurité première. Mais, voici mes courtisans... je les entends!

D'HOLBACH.

Et moi, qui me soucie peu de voir ces messieurs, je m'esquive... Adieu, la belle des belles!

SUZANNE.

Au revoir, baron. (*Elle lui donne sa main à baiser, d'Holbach sort à droite*).

SCÈNE III.

SUZANNE, LE MARQUIS, LAGOUACHE, LE PRINCE ***
JEUNES SEIGNEURS, CHARLOT.

LE PRINCE, *venant de gauche par la petite porte.*

Voici votre éventail, Madame.

SUZANNE.

Prince, vous êtes charmant!

LE PRINCE.

Je suis arrivé le premier.

SUZANNE, *s'asseyant sur le banc.*

J'étais bien sûre que ce ne serait pas le marquis.

LE MARQUIS.

J'ai fait de mon mieux, mais mon cheval s'est abattu, et j'ai failli me casser la jambe.

SUZANNE.

Pauvre cheval! ne s'est-il pas blessé? (*Tous les seigneurs rient.*)

LE MARQUIS.

Non.

SUZANNE.

Ah! tant mieux!... Après ça vous n'avez que de très-mauvais chevaux, ceux de monsieur de la Popelinière étaient excellents; je les regrette.

LE MARQUIS.

J'en aurai de meilleurs... tu entends Lagouache?

LAGOUACHE.

Parfaitement.

CHARLOT, *entrant de droite.*

Voici la correspondance de Madame.

SUZANNE.

Ah! bon! mon courrier ordinaire... des requêtes, des pétitions, des suppliques (*Elle examine les lettres.*).

CHARLOT.

Madame a-t-elle des ordres à me donner?

SUZANNE.

Non, retirez-vous !

CHARLOT, *à lui-même*.

Alors Madeleine a le temps d'attendre. (*Il sort à gauche.*)

SUZANNE.

Voyez, Messieurs, la vacance d'un ministère ne ferait pas accourir plus de solliciteurs... on sait que j'ai congédié la Popelinière, et certes, il y avait bien de quoi... conçoit-on qu'il s'était avisé de me refuser une fantaisie...

TOUS.

Cela n'a pas de nom !

SUZANNE.

Une parure de diamants et de perles, qui avait été faite pour la reine d'Espagne par Dulaurier, le joaillier de la cour... j'y tenais... j'y tiens (*Elle continue à décacheter les lettres et les parcourt des yeux*).

LE MARQUIS.

Ces financiers ne savent pas aimer... Mais qu'ont donc ces lettres de si intéressant?

SUZANNE.

Des protestations, des déclarations en vers et en prose, des promesses d'un amour éternel... On sait ce que cela vaut... (*Ouvrant un dernier billet.*) Ah ! voici qui devient plus positif, à la bonne heure... il m'offre la parure.

LE MARQUIS.

Qui ça? La Popelinière?

SUZANNE.

Non : le duc d'Aiguillon. Lisez sa lettre. (*Elle la lui donne.*)

LE MARQUIS.

Voyons.

SUZANNE.

C'est un homme d'esprit, ce duc ; et puis, jeune, de la figure, un grand nom...

LE MARQUIS.

Le fat ! à moitié ruiné, déjà !...

SUZANNE.

Sa générosité n'en a que plus de mérite.

LE MARQUIS.

Comme vous le défendez...

SUZANNE.

Sa lettre est si jolie !... Il me demande à souper pour ce soir. (*Se levant.*) Je vais lui répondre.

LE MARQUIS.

Suzanne !...

SUZANNE.

Plait-il?

LE MARQUIS.

Songez que si vous l'invitez, il viendra.

SUZANNE.

J'y compte bien.

LE MARQUIS.

Attendez.

SUZANNE.

Quoi?

LE MARQUIS.

Jusqu'à ce soir. Le temps qu'il me faudra pour avoir cette parure.

SUZANNE, *avec ironie.*

Vous? marquis? Ne faites donc pas cette folie. Soyez raisonnable. Voyez-vous, j'ai trop de caprices pour vous... je suis une femme au-dessus de vos moyens... et je vous mènerais trop loin. Renoncez-y, et laissez à d'autres ces extravagances.

LE MARQUIS.

Ah! Suzanne, vous vous faites un jeu de mes tourments... de ma jalousie!...

SUZANNE.

Vous, jaloux! Vous m'aimez-donc?

LE MARQUIS.

Vous le demandez... Je vous aime comme un insensé... et quand je vous vois prodiguer vos sourires à ces adorateurs, à ces courtisans qui vous entourent, dont vous êtes la reine, oh! je maudis cette coquetterie qui veut les hommages de tous, et n'accorde de préférence à personne.

SUZANNE, *avec minauderie.*

Vous vous trompez.

LE MARQUIS.

Se pourrait-il?

SUZANNE, *même jeu.*

La préférence pourra venir... et ce jeune duc d'Aiguillon...

LE MARQUIS, *avec impatience.*

Encore lui!... et quand je vous parle de mon amour...

SUZANNE.

C'est vrai... il ne parle pas, lui! il écrit... et tandis que vous parlez, il est peut-être chez Dulaurier.

LE MARQUIS.

J'y vais.

LAGOUACHE, *à part.*

Elle l'a ensorcelé!...

SUZANNE.

Si vous le voulez absolument, soit : j'attendrai pour répondre... et dans deux heures... il n'en faut pas davantage, n'est-ce pas?... dans deux heures donc... à bientôt... Messieurs, je ne vous retiens plus... (*Elle sort à droite et tous s'éloignent, par la gauche, excepté le marquis et Lagouache.*)

SCÈNE IV.

LE MARQUIS, LAGOUACHE.

LE MARQUIS, *à Lagouache.*

Tu l'as entendu, Lagouache.

LAGOUACHE.

Parfaitement... Tenez, si vous voulez m'en croire...

LE MARQUIS.

Oh ! tu vas me parler raison, je m'en doute, mais je ne veux rien entendre... je ne sais quel charme elle a jeté sur moi,... mais cette Suzanne, que je méprisais, que j'ai flétrie aux yeux du monde, maintenant, qu'elle me tient rigueur, je veux son amour, je l'achèterais au prix de mon sang !

LAGOUACHE.

Malheureusement, c'est une monnaie qui n'a pas cours, et nous n'avons plus d'argent, de crédit ; les juifs eux-mêmes ne veulent plus de nous.

LE MARQUIS.

N'ai-je pas écrit à d'Holbach, à la Popelinière ?

LAGOUACHE.

Leur réponse se fait bien attendre.

LE MARQUIS.

Elle viendra.

LAGOUACHE.

Ah ! si vous m'aviez écouté, si vous aviez vu plus souvent M. le duc votre père, le vieillard eût été touché de cette déférence, et vous auriez trouvé là un coffre-fort dans les moments difficiles.

LE MARQUIS.

Mon père me fait peur ; je n'ose soutenir son regard, je n'ose me présenter à lui, depuis qu'il sait que je suis aux pieds de celle que j'avais rendue si méprisable à ses yeux. Mon père ! lui ! (*Un domestique introduit le duc par la petite porte de gauche, le duc lui donne une pièce de monnaie, il se retire*).

LE DUC, *jetant un regard terrible sur Lagouache.*

Sortez, Monsieur !...

LAGOUACHE, *à part.*

Je ne demande pas mieux, par exemple ! (*Il sort à droite.*)

SCÈNE V.

LE DUC, LE MARQUIS.

LE MARQUIS.

Vous ici, mon père!

LE DUC.

Oui, Monsieur, moi, dans cette maison où, malgré les précautions que j'ai prises pour ne pas être reconnu, je rougis de me trouver.

LE MARQUIS.

Puis-je espérer que c'est un sentiment d'indulgence qui vous y amène?

LE DUC.

Cela dépendra de vous.

LE MARQUIS.

Je vous écoute avec respect.

LE DUC.

Vous vous en souvenez; j'ai déjà éloigné de vous cette comtesse, cause première de tous vos désordres.

LE MARQUIS.

Je le sais, mon père, et je vous en remercie.

LE DUC.

M'en remerciez-vous parce qu'en faisant exiler cette comtesse, j'ai détruit l'obstacle qui s'opposait à vos lâches amours avec celle que vous avez perdue, et qui vous mène aujourd'hui à la ruine et au déshonneur?

LE MARQUIS.

Monsieur le duc!

LE DUC.

Ne cherchez pas à nier, je sais tout, Gaston; s'il en est temps encore, je viens vous tendre la main pour vous sauver de l'abîme où vous êtes près de tomber. Aucun sacrifice ne me coûtera, parlez.

LE MARQUIS.

Eh bien! mon père, puisque vous êtes si bon, si généreux, je vous avouerai avec franchise que je suis dans le plus grand besoin et que..... deux cent mille livres...

LE DUC.

Je paierai toutes vos dettes, fussent-elles du double, je n'y mets qu'une condition : le roi m'envoie en ambassade, vous m'y suivrez, et là, je l'espère, vous perdrez jusqu'au souvenir de ces liaisons infâmes qui déshonorent notre maison.

LE MARQUIS.

Je vous répondrai sans détour, mon père, j'aime Suzanne, et rien ne pourra m'en séparer.

LE DUC.

Pas même la prière d'un père qui vous demande grâce pour

un blason sans tache; qui fléchira, s'il le faut, le genou pour sauver l'honneur de son nom.

LE MARQUIS.

Demandez-moi ma vie, je suis prêt à la sacrifier pour vous; mais, elle! jamais... c'est Suzanne... c'est de l'or qu'il me faut!...

LE DUC.

Je ne donne point d'or pour me déshonorer!

LE MARQUIS.

Monsieur le duc, ma fortune seule doit acquitter le prix de mes folies, et puisque j'ai perdu le droit de rien attendre de vous, c'est le bien de ma mère que je réclamerai de votre justice.

LE DUC.

Votre légitime! j'aurais dû m'y attendre; mais, malheureux, vous oubliez que votre mère, si bonne, si faible pour vous, n'avait plus à elle que la terre de Charny... Grâce à vous le château est en ruines; les fermes, les bois, les prairies sont engagés pour dix ans, pour toujours peut-être.

LE MARQUIS.

Ainsi, je ne possède plus rien!

LE DUC.

Non... depuis longtemps déjà vous n'aviez plus que les cinquante mille livres que je vous donnais par an, et que je vous retire.

LE MARQUIS.

Vous voulez donc me réduire au désespoir?

LE DUC.

Je veux vous forcer au repentir. Écoutez les dernières paroles du seul ami qui vous reste au monde; demain je pars; jusqu'à demain j'attendrai votre réponse; d'un côté l'honneur, le retour au bien, la tendresse d'un père; de l'autre, la honte et l'infamie!... Choisissez, demain je saurai si je dois encore vous nommer mon fils. (*Le vieillard sort à gauche, en proie à la plus vive émotion.*)

SCÈNE VI.

LE MARQUIS, LAGOUACHE.

LAGOUACHE, *revenant après avoir vu sortir le duc dont il guettait la sortie.*

Eh bien, avez-vous été adroit, insinuant, entraînant? avez-vous saisi l'occasion de rétablir un peu d'équilibre dans nos finances?

LE MARQUIS.

Tout est perdu de ce côté.

LAGOUACHE.

C'est un roc que ce vieux gentilhomme. Heureusement, je

crois que je vous apporte de meilleures nouvelles. (*Il lui remet deux lettres qu'il tenait à la main.*)

LE MARQUIS.

Qu'est-ce que cela ?

LAGOUACHE.

Les deux réponses à vos deux lettres, je suppose, à vos deux demandes d'emprunt.

LE MARQUIS.

Oui, l'écriture de d'Holbach, celle de La Popelinière... Voyons d'abord le philosophe. (*Il ouvre une des lettres et lit :*) « Impos» sible. Signé d'Holbach. »

LAGOUACHE.

C'est court, mais c'est positif.

LE MARQUIS.

Passons au financier. (*Il ouvre l'autre lettre et lit :*) « Cher marquis, trop cher marquis... »

LAGOUACHE.

Ça débute mal.

LE MARQUIS, *lisant.*

« J'ai traîné trop longtemps le char de votre fortune; j'en» raie, et même je dételle. Signé La Popelinière. »

LAGOUACHE, *regardant les deux lettres.*

Une vengeance, une plate vengeance, parce que vous lui enlevez Suzanne.

LE MARQUIS.

A condition que j'aurai de l'argent, tout de suite; si c'était seulement dans deux ou trois jours.

LAGOUACHE.

Vous n'en seriez guère plus avancé.

LE MARQUIS.

C'est ce qui te trompe; dans trois jours très-probablement je serai riche : une tante maternelle, dont je suis l'unique héritier, la vicomtesse d'Armentières, est mourante, et son notaire m'écrit qu'elle est à toute extrémité, j'ai la lettre.

LAGOUACHE.

Oui, avec cela d'autres pourraient trouver de l'argent, mais nous avons si mauvaise réputation !

LE MARQUIS.

A qui la faute, drôle ?

LAGOUACHE.

Nous avons joué tant de tours aux usuriers, nous avons fait briller à leurs yeux tant d'héritages imaginaires ! nous avons si souvent fabriqué de ces missives là !...

LE MARQUIS.

Qu'ils pourraient supposer que c'est encore une ruse; tu as raison... Malédiction !...

LAGOUACHE.

Le joaillier voudra de l'argent comptant.

LE MARQUIS.

Oui.

LAGOUACHE, *se frappant le front.*

Mais, à propos de fabrication d'écritures... attendez donc... il y aurait peut-être un moyen... moyen violent... mais quand on n'a pas le choix...

LE MARQUIS.

Parle.

LAGOUACHE, *retournant les deux lettres dans ses mains.*

Il serait mieux que ces deux chiffons de papier, ces deux refus se changeassent en acceptations...

LE MARQUIS.

Je ne te comprends pas.

LAGOUACHE.

Regardez ces deux signatures, si faciles à calquer...

LE MARQUIS.

Hein!

LAGOUACHE.

Doutez-vous que sur deux lettres de change dûment rédigées, s'il y avait tout près du chiffre de cent mille livres chaque, au bas de l'une : La Popelinière, et au bas de l'autre : d'Holbach, le vieux juif, Ben-Israël, nous les escomptât à beaux deniers comptant ?

LE MARQUIS.

Mais c'est un double faux que tu me proposes-là, misérable !

LAGOUACHE.

Mais, puisque vous avez un héritage qui vous revient, et qu'à l'échéance, et même avant, vous pourrez payer entre les mains de l'escompteur... Sans cela, est-ce que ma conscience aurait été tranquille?... Ah ! marquis...

LE MARQUIS.

Non, mille fois non, les derniers mots prononcés par mon père retentissent encore à mon oreille.

LAGOUACHE.

Partons, alors, avant qu'on ne nous donne notre compte comme à des laquais.

LE MARQUIS.

Oui, emmène-moi loin de ce lieu fatal... (*S'arrêtant.*) La voilà!... qu'elle est belle ! (*Mettant sa tête dans ses mains.*) Ah ! misérable que je suis!...

LAGOUACHE.

Allons, ferme! du cœur ! et comptez sur votre fidèle Achate !

SCÈNE VII.

LES MÊMES, SUZANNE.

SUZANNE.

Encore vous, marquis ! je vous croyais parti pour vous occuper de cette bagatelle... Est-ce que vous auriez changé d'idée ? A votre aise, monsieur le marquis.

LE MARQUIS.

Monsieur le marquis! Toujours cette froideur pour prix de mon dévoûment, de ma soumission; n'obtiendrai-je donc jamais un mot plus doux de votre bouche, Suzanne?

SUZANNE.

Eh bien! si... puisque vous le voulez... (*Avec mignardise.*) Cher Gaston, allez-vous-en (*Riant*).

LAGOUACHE.

Certainement, partons pour revenir plus vite. (*Ils sortent tous deux.*)

SCÈNE VIII.

SUZANNE, *seule*, *puis* CHARLOT, *puis* MADELEINE.

SUZANNE.

D'Holbach a raison, nous avons une puissance... Oui, baron philosophe, tu seras content de ton élève, et moi je serai riche, brillante, adorée, heureuse. (*Elle s'assied et demeure rêveuse.*) Oui, heureuse.., si je pouvais bannir de mon cœur des noms que ma bouche n'ose plus prononcer... (*Sur ces derniers mots, Charlot entre.*)

CHARLOT.

Voilà tout le monde parti enfin! (*S'approchant de Suzanne.*) Madame, il y a là quelqu'un qui attend.

SUZANNE.

Qu'il attende!

CHARLOT.

Mais c'est quelqu'un du village.

SUZANNE.

Du village!

CHARLOT.

Oui, une jeunesse, une cousine à vous.

SUZANNE, *se levant, vivement.*

Madeleine! et tu ne me le disais pas. Oh! qu'elle vienne, qu'elle vienne. (*Charlot est allé la chercher, elle s'avance avec timidité.*) Dans mes bras, Madeleine!

MADELEINE.

Je n'ose pas!

SUZANNE.

Tu ne veux pas, peut-être?

MADELEINE.

Oh! ma sœur. (*Elle l'embrasse avec effusion*).

SUZANNE.

Avant tout mon père, parle-moi de mon père.

MADELEINE.

En quelques mois, le pauvre cher homme a veilli de plus de

dix ans, et cependant je fais de mon mieux pour lui redonner un peu de cœur.

SUZANNE.

Et..... (*hésitant*) prononces-tu quelquefois mon nom devant lui?

MADELEINE.

Il me l'a défendu.

CHARLOT, *à part*.

Il est si têtu.

MADELEINE.

Je t'ai fait de la peine, Suzanne; pardonne-moi!

SUZANNE.

Pourquoi? ne l'ai-je pas voulu? ne suis-je pas madame de Sainte-Rose, la courtisane. Tout le reste est-il autre chose qu'un souvenir confus? (*Essayant de sourire*) Tiens, vois, le nuage est dissipé; parlons de toi, de toi seule... Et tu viens?

MADELEINE.

Pour réclamer de toi une grâce.

SUZANNE.

Explique-toi, et tout ce que tu me demanderas, tu l'as à l'avance... Mes amis n'ont rien à me refuser et ils sont puissants.

CHARLOT.

Oh! nous voyons très-bonne compagnie.

MADELEINE.

Ce n'est ni l'envie, ni le désir de briller qui m'amène ici... Je veux rester ce que je suis.

CHARLOT, *à part*.

Elle n'a pas de vocation.

MADELEINE.

Ce qui m'amène. c'est l'accomplissement d'un devoir que je me suis imposé. (*Elle regarde Charlot.*)

SUZANNE.

Charlot est-il de trop?

MADELEINE, *avec douceur*.

Oui! (*Suzanne fait un signe à Charlot.*)

CHARLOT.

Oh! c'est différent... (*Il sort. Madeleine s'assure que Charlot s'est éloigné, que personne ne peut les entendre, puis redescend vivement la scène.*)

MADELEINE.

Suzanne, c'est de lui que je viens te parler.

SUZANNE.

De Maurice?

MADELEINE.

Oui, tu sais que monsieur le duc d'Alban avait obtenu que la condamnation à mort de notre pauvre ami serait commuée en un exil perpétuel.

SUZANNE.

Je me souviens aussi que c'est pour moi qu'il devint coupable; que ma légèreté, mon imprudence ont fait tout le mal; qu'un désir immodéré de plaire, de briller, de m'élever au-dessus des autres, a perdu celui que j'aimais, que j'ai seul aimé au monde.

MADELEINE.

Embarqué, il y a plus de six mois, avec d'autres infortunés, il doit être arrivé, maintenant, au lieu de sa déportation.

SUZANNE, *à part.*

Elle ignore donc?...

MADELEINE.

Et là bas, dans ces déserts de la Louisiane, comme il doit être malheureux, sans un être pour le plaindre, sans une voix pour le consoler!

SUZANNE, *à part, allant s'asseoir.*

Oh! que je souffre!

MADELEINE.

Eh bien! j'ai pensé que moi, qui suis seule au monde, je pourrais par ton crédit, obtenir d'aller le rejoindre.

SUZANNE.

Chère Madeleine!

MADELEINE.

Je sais bien qu'il aimerait mieux que ce fût toi; mais, enfin, ça lui fera peut-être plaisir tout de même, cette marque d'affection... Je lui dirai : « Au village tu m'appelais petite sœur, tu « partageais souvent avec moi ce qui avait l'air de me plaire, « de me rendre heureuse, eh bien, frère, à présent, je viens te « demander la moitié de ton malheur... »

SUZANNE.

Quel dévouement!

MADELEINE.

Ça se peut, n'est-ce pas? (*Elle se jette à ses genoux*).

SUZANNE.

Je vais déchirer ton cœur et t'arracher autant de larmes que j'en ai versé.

MADELEINE.

Tu me fais trembler.

SUZANNE.

Crois-tu que je l'avais oublié, moi? que sous le poids même de son mépris je ne pensais pas à lui rendre tout ce qu'il pouvait accepter de moi, la liberté?

MADELEINE.

Oh! c'est bien cela, Suzanne, mais continue, je t'en prie.

SUZANNE.

J'avais employé en démarches, en sollicitations, tous ceux que je tenais sous mon joug, et déjà j'avais des promesses, des espérances, quand une fatale nouvelle...

MADELEINE.

Qu'est-ce donc? tu pâlis, tu détournes les yeux!

SUZANNE.

A peine sorti du Havre de Grâce, le vaisseau qui avait à son bord les malheureux déportés fut assailli par une violente tempête, et périt corps et biens!

MADELEINE.

Mort! Maurice mort! O mon Dieu pardonnez à ceux qui l'ont tué (*Elle tombe à genoux.*)

SUZANNE.

Pas de prière pour eux, Madeleine; je ne leur pardonne pas... point de miséricorde, ni pour eux, ni pour moi.

MADELEINE.

Que veux-tu dire?

SUZANNE.

Reste avec moi, et tu le sauras.

MADELEINE.

Non, je retourne à Charny pour pleurer Maurice, consoler le vieillard, et prier pour toi! (*Elle se dirige vers la petite porte, va pour sortir, et revient tout effrayée sur ses pas.*)

SUZANNE.

Qu'as-tu donc?

MADELEINE.

J'ai peur!... Là, dehors, sur le cours, je viens d'apercevoir un homme, une espèce de mendiant!..

SCÈNE IX.

LES MÊMES, CHARLOT, *rentrant*, *puis* LE MENDIANT.

CHARLOT, *allant à la petite porte.*

Qui est-ce qui ose se permettre de venir rôder?... (*Il recule à l'apparition d'un homme mal vêtu, la barbe longue, et l'apparence peu rassurante.*)

LE MENDIANT, *entrant.*

Du pain, un abri, un peu d'eau, pour l'amour du bon Dieu! (*Il chancèle, trébuche et va tomber.*)

SUZANNE, *le soutenant.*

L'infortuné!... Là, Charlot, dans ce pavillon, tout ce qu'il faut. (*Charlot entre dans le pavillon, puis en revient avec un flacon. Suzanne s'est penchée sur l'inconnu et écarte ses cheveux. Jetant un cri.*) Ah! Maurice!

MADELEINE.

Vivant!... Merci mon Dieu!... Tenez, tenez. (*Elle lui donne le verre d'eau.*).

MAURICE.

Merci, merci, je me sens mieux. Mais où suis-je. (*Apercevant Madeleine.*) Madeleine, ma bonne Madeleine!

MADELEINE.

Oh! que je suis heureuse!

CHARLOT.

Et moi aussi, cher M. Maurice, je suis là.

MAURICE.

Bonjour ami (*Il lui serre la main.*)

CHARLOT, *à part.*

Il est toujours fort.

MAURICE, *se levant.*

Mais pardon, vous êtes, sans doute, Madame, la maîtresse de cette maison hospitalière?

SUZANNE, *sanglotant, tombant à genoux.*

Maurice! Maurice!

MAURICE.

Elle! je suis chez elle! chez elle! riche et flétrie; on ne m'avait pas trompé!

SUZANNE, *pleurant.*

Oh! ne me maudis pas... mon père m'a déjà maudite!

MAURICE.

Madeleine, que je m'appuie sur ton bras; je ne resterai pas un moment de plus ici (*Suzanne va se placer vivement sur leur passage.*)

SUZANNE.

Tu m'écouteras, Maurice, puisque tu m'es rendu, toi que j'avais tant pleuré, tu ne voudras pas être aussi cruel que les autres, n'est-ce pas, Maurice. (*Elle le supplie.*)

MAURICE.

Retire-toi, infâme! cette voix, si je l'écoutai plus longtemps, je deviendrais un lâche.

SUZANNE.

Maurice!

MAURICE, *prêt à s'élancer sur Suzanne.*

Retire-toi, te dis-je! ou, je ne suis qu'un incendiaire, tu feras de moi un meurtrier.

SUZANNE.

Tu me tueras ou tu m'écouteras!

MAURICE.

Je vous le disais bien, que je ne pourrais résister à sa voix... Voyons, parle, qu'as-tu à me dire?

SUZANNE.

Maurice, sur la vie de mon père, jusqu'au moment où j'ai pu croire à ta mort, je n'ai pas été coupable, je n'ai été que malheureuse.

MAURICE.

Plût à Dieu, alors, que cette mort eût été véritable, que de pauvres pêcheurs n'eussent pas recueilli ce que l'on prenait pour un cadavre, que le grand mât, en se brisant, m'eût tout à fait fendu la tête !... plût à Dieu que lorsque j'errais épuisé de besoin, de fatigue, le sort, au lieu de ta porte, m'eût fait trouver celle de l'enfer.

MADELEINE.

Maurice, mon ami, mon frère bien-aimé.

MAURICE.

Toi aussi, Madeleine, tu mêles ta voix d'ange à celle du démon... toi aussi, tu veux me retenir... Je vous l'avais bien dit que je serais un lâche, puisque je reste auprès d'elle. (*Il retombe sur le banc et pleure.*)

SUZANNE.

Je t'aime, je n'ai jamais aimé que toi. — Par moi, tu fus malheureux... par moi, tu peux revenir au bonheur... Cet hôtel brillant, il m'appartient, je possède des parures, des diamants à faire notre fortune à tous : Dis un mot, et ce marquis, ces grands seigneurs qui m'obsèdent, je les chasse ; ils sont mes esclaves, tu seras mon maître. (*Elle tombe à genoux.*)

MAURICE.

Tu dis que tu m'aimes... Eh ! bien nous allons voir. (*Madeleine et Charlot qui se retiraient, s'arrêtent sur un geste de Maurice.*) Ce que j'ai à te dire, je veux qu'ils l'entendent, eux qui ont été les compagnons de mon enfance, qui me rappellent le pays absent. — J'oublierai le passé, j'oublierai toutes les tortures de mon cœur, et jamais un mot de reproche ne sortira de ma bouche. (*Suzanne s'empare de la main de Maurice, qu'elle couvre de baisers.*) Mais je ne veux de toi, que toi...

SUZANNE.

Je te l'ai dit, je renonce à tout.

MAURICE.

Attends, je n'ai pas fini... Je n'obtiendrai pas ma grâce ; j'en suis sûr; le ciel m'a sauvé, on dira que j'ai rompu mon ban, et, cette fois, ce ne sera plus l'exil, mais l'échafaud.

SUZANNE.

Que faut-il faire, alors ?

MAURICE.

M'expatrier, aller à l'étranger, où le travail est toujours plus pénible, plus difficile. Il faudra tout souffrir... (*Suzanne se lève.*) le froid, la faim, la misère ! Me suivras-tu ? m'aimes-tu assez pour cela ? Tu hésites ! Oh ! tu as menti ! tu ne m'aimes pas !

SUZANNE.

Quand veux-tu partir ?

MAURICE, *lui tendant les bras.*

Suzanne ! (*Suzanne se jette dans ses bras.*)

CHARLOT.

Comment ! elle consent ?

SUZANNE.

Nous partirons ; mais, écoute : de la prudence. Si monsieur

le marquis, cet odieux marquis, avait l'éveil, songe qu'il y va de ta vie!...

MAURICE.

Oui, oui, je serai prudent.

SUZANNE.

Reviens ici à dix heures; je t'attendrai.

MAURICE.

A dix heures, ou jamais!

MADELEINE, *à part.*

Jamais... Oh! c'est moi, maintenant, qui dois dire jamais!... Viens, mon frère, je vais te conduire chez la bonne parente qui m'a accueillie. (*Ils sortent tous deux par la gauche.*)

SCÈNE X.

SUZANNE, CHARLOT, *puis le* MARQUIS.

SUZANNE, *à elle-même.*

Oui, je l'aime, je le suivrai. Je me rappelle la parole de d'Holbach : mariage d'amour, ou mariage d'ambition. Eh bien! puisque l'amour est revenu, puisqu'il pardonne, adieu l'ambition! adieu tout au monde, excepté l'ami de mon enfance! (*Elle reste pensive. Le jour commence à baisser.*)

CHARLOT, *à part.*

Il avait bien besoin de revenir, celui-là; de m'empêcher de faire ma fortune.

SUZANNE, *même jeu.*

Ah! je voudrais qu'il m'eût emmenée tout de suite, sans me laisser un moment de réflexion... Voici le marquis... Oh! la haine, le mépris viennent au secours de l'amour... Je ne faiblirai pas.

CHARLOT, *à part.*

Il y a des moments où il faut servir les maîtres, même malgré eux. (*Il se tient à l'écart.*)

LE MARQUIS, *entrant.*

Madame voici les diamants!

SUZANNE.

Ah! les diamants... Merci! (*Ouvrant l'écrin.*) Dieu! qu'ils sont beaux! La ravissante parure!

LE MARQUIS, *à part.*

Ils sont payés; ils me coûtent cher...

SUZANNE, *vivement.*

Je ne recevrai pas ce soir : j'ai ma migraine. Que personne ne vienne sans que j'appelle. (*Elle entre brusquement dans le pavillon.*)

SCÈNE XI.

LE MARQUIS, CHARLOT.

LE MARQUIS.

Quelle réception, après ce que j'ai fait! Les valeurs escomptées au juif, l'or donné au joaillier pour le prix de l'écrin... ces billets pour lesquels Lagouache a guidé ma main tremblante!... Oh! que la succession arrive bien vite!

CHARLOT, *entré de gauche et lui donnant une lettre.*

Monsieur, voici une lettre pour vous.

LE MARQUIS, *l'ouvrant.*

De mon notaire!.... Madame d'Armentières n'est plus.... Ah! voici mon héritage!... Ciel! que vois-je? On n'a rien trouvé. « Avare et maniaque, après avoir réalisé toute sa fortune, elle avait caché son trésor, et son seul confident, un vieux serviteur, a perdu la raison!...» Fatalité! Oh! mais il faut qu'on retrouve cette fortune! que l'on fouille, que l'on démolisse! qu'on fasse parler ce serviteur!... Sans cela, je ne pourrai pas retirer les billets!... Mon Dieu! Et pour prix de tant de sacrifices... Suzanne... Qui donc a pu changer ainsi des dispositions qui me semblaient si favorables?

CHARLOT, *se montrant.*

Un revenant!

LE MARQUIS, *étonné.*

Que veux-tu dire?

CHARLOT.

Que Maurice, que nous croyions tous mort, a reparu.

LE MARQUIS.

Ici?

CHARLOT.

Ici.

LE MARQUIS.

L'a-t-elle vu?

CHARLOT.

Oui; et il doit revenir à dix heures pour partir avec elle.

LE MARQUIS.

Partir!.. me quitter!... Oh! jamais!

CHARLOT.

Heureusement, j'étais là; et, pour son bonheur, je vous ai prévenu. Elle me remerciera plus tard.

LE MARQUIS, *à lui-même.*

Me fuir pour un misérable que la potence a oublié... Eh bien! on t'en fera souvenir!

CHARLOT.

J'ai imaginé qu'en enfermant Madame dans le pavillon, et en donnant un tour de clef à la porte verte, Maurice viendrait se casser le nez en dehors, appellerait, s'emporterait et finirait par s'en aller furieux et nous délivrer de sa présence.

LE MARQUIS.

Non... Laisse tout ouvert, au contraire, et exécute mes ordres (*Il lui parle bas.*).

CHARLOT.

Oui, monsieur le marquis... mais on ne lui fera pas de mal, au moins.

LE MARQUIS.

Sois donc tranquille.

CHARLOT, *à part.*

Je ne le suis pas du tout (*Il sort et éteint les dernières lanternes. Dix heures sonnent. Nuit complète.*).

LE MARQUIS.

Voici l'heure... Prêtons l'oreille... Je crois qu'on vient de ce côté.

SCÈNE XII.

LE MARQUIS, MAURICE, SUZANNE, LAGOUACHE, CHARLOT, LAQUAIS.

MAURICE, *entrant par la petite porte.*

Suzanne!

SUZANNE, *sortant du pavillon avec une mante très-simple.*

Me voilà! (*Le marquis est allé se placer entre Maurice et la porte qu'il referme.*)

MAURICE.

Partons!

SUZANNE.

Adieu à tout, excepté à toi!

MAURICE.

Tu n'as pas de regrets, Suzanne?

SUZANNE.

Je t'ai dit que je te suivrais.

MAURICE.

Viens! (*En ce moment, le théâtre s'éclaire. Lagouache, Charlot et d'autres gens du marquis ont paru avec des flambeaux.*)

LE MARQUIS.

Arrêtez!... Maurice l'incendiaire, la justice du roi vous réclame! Merci, Madame, de m'avoir averti de sa présence...

SUZANNE.

Horreur!

MAURICE, *à Suzanne.*

Infâme! tu m'as vendu!

SUZANNE.

Ne le crois pas, Maurice!... Fuis! fuis!

MAURICE.

Non!... Ne me touche pas, ou cette fois je te tue (*Il tire son couteau. Entrée des laquais portant des flambeaux.*). Non, sois sans crainte... imp re! parricide! La main du dernier des hommes se déshonorerait en s abaissant sur toi!... Oh! l'infâme!... (*Jetant son couteau.*) Qu'on me livre à la justice... je l'implore comme un bienfait... Ma tête se perd... Je crois que ma blessure se rouvre... Oh! merci, mon Dieu!... (*Sa voix faiblit.*) La mo t! la mort! (*Il tombe roide sur le théâtre. Suzanne jette un cri perçant.*)

SUZANNE.

Ah!... ((*A part.*) Assassin! tu me paieras toutes ses douleurs!

FIN DU 2e ACTE ET DU 3e TABLEAU.

ACTE III.

QUATRIÈME TABLEAU.

Décadence de Suzanne.

Un salon, riche encore en apparence, mais où tout trahit un revers de fortune. A droite, premier plan, un toilette; deuxième plan, une fenêtre; troisième plan, porte latérale, porte au fond. A gauche, premier plan, une porte; deuxième plan, une cheminée garnie. Fauteuils, etc.

SCÈNE PREMIÈRE.

SUZANNE, CARLINE. *Suzanne s'assied, Carline la coiffe.*

SUZANNE, *assise devant sa toilette.*

Que disent les *Nouvelles à la main*?

CARLINE.

Voici le dernier numéro qu'on vient d'apporter.

SUZANNE.

Hélas! on n'y parle plus de moi. (*Feuilletant.*) Elles ne disent jamais rien d'intéressant... Voyons : (*Elle lit*) « Le dernier » ballet de l'Opéra... On s'entretient beaucoup dans les cercles » d'un prince Hongrois, nouvellement arrivé à Paris. » (*S'interrompant.*) Ah! celui pour lequel Lagouache m'a demandé une lettre d'invitation (*Lisant.*). « Le prince de Krœnitz, ac-

» compagné de son intendant, a fait hier, une apparition au » Cours-la-Reine, dans un brillant équipage... il a jeté quelques » poignées d'or à la foule de gens du peuple qui se pressait » sur son passage... Rien n'égale la magnificence de ce riche » étranger, qui ne manquera pas d'être fort recherché dans le » monde. » (*Parlé.*) Nous l'aurons ce soir. (*A sa femme de chambre.*) Me trouves-tu bien changé, Carline?

CARLINE.

Madame n'a qu'à regarder dans son miroir.

SUZANNE.

Cette cruelle maladie a donc duré bien longtemps?

CARLINE.

Si longtemps qu'on a craint pour les jours de Madame.

SUZANNE, *à part.*

Pourquoi ne suis-je pas morte?

CARLINE.

Ce qu'il y avait de plus triste, c'est qu'on a craint un moment que Madame ne perdît sa beauté.

SUZANNE, *essayant un collier qu'elle vient de tirer de son écrin.*

Tu m'as dit qu'il n'en était rien flatteuse.

CARLINE.

Heureusement, mais le bruit en a couru; ce qui fait que tous les grands seigneurs se sont envolés comme des oiseaux de passage.

SUZANNE.

Il me semble, en effet, que notre société n'est plus la même, quoique nous voyons beaucoup de monde... Attache-moi ce collier... il est beau, n'est-ce pas?

CARLINE.

Oh! magnifique.... on fait si bien les imitations, à présent

SUZANNE.

Hein? Que veux-tu dire?

CARLINE.

Rien, rien, Madame (*Elle sort, d'Holbach a paru au fond.*).

SCÈNE II.

SUZANNE, D'HOLBACH.

D'HOLBACH.

Cela veut dire, chère Suzanne, que pendant votre maladie, la ruine s'est introduite ici, le marquis a remplacé vos diamants par de fort beau cristal, et cette apparence de luxe qui vous entoure encore, n'est pas plus vrai que votre écrin.

SUZANNE.

Qu'entends-je, grand Dieu!

D'HOLBACH.

Il y a ici table ouverte, mais à crédit; voiture, mais voiture de louage ; société nombreuse; mais recrutée parmi les dupes et les escrocs du grand monde ; enfin, madame de Sainte-Rose tient une maison de jeu !

SUZANNE.

Suis-je donc tombée si bas ! et devais-je m'attendre à cette froide ironie, à cette cruauté de votre part, quand mon premier tort a été d'être assez folle pour ajouter foi à vos prédictions ?

D'HOLBACH.

Rassurez-vous ; un événement inattendu est venu me donner raison, et plus que jamais, je vois poindre à l'horizon, sur un nuage doré, le titre de marquise que je vous ai promis.

SUZANNE.

Que voulez-vous dire !

D'HOLBACH.

Fiez-vous à moi. Le marquis est désormais en mon pouvoir, et il faudra bien...

SUZANNE.

Tout est mystère dans vos paroles... et pourtant, malgré moi... mais non... laissez-moi suivre la pente fatale où je suis entraînée... ne pensez plus à la pauvre Suzanne : tout ce qu'elle vous demande, c'est de réparer ses torts envers Maurice, qui me croit plus coupable encore que je ne le suis.

D'HOLBACH.

Je me suis occupé de lui.

SUZANNE.

Et me cacherez-vous toujours ce qu'il est devenu ?

D'HOLBACH.

Je vais vous dire, car vous êtes maintenant en état de m'entendre ; cependant faites appel à toute votre force, à tout votre courage. Maurice....

SUZANNE.

Eh bien ! Maurice ?

D'HOLBACH.

Maurice est fou !

SUZANNE.

Fou ! oh ! Maurice ! Maurice ! Et pourquoi ne m'avoir pas instruite sur-le-champ de ce malheur. Je me serais faite sa servante, son esclave, mes soins l'auraient guéri.

D'HOLBACH.

Vous étiez si malade... cette révélation pouvait vous tuer...

SUZANNE.

Mais où est-il ? Oh ! il faut à l'instant même...

D'HOLBACH, *l'arrêtant.*

Attendez! il était à Bicêtre.

SUZANNE.

Bicêtre.

D'HOLBACH.

Et depuis deux jours il s'est enfui.

SUZANNE.

Enfui!

D'HOLBACH.

Avec un autre fou nommé Everard.

SUZANNE.

Everard! cet Everard n'est-il pas un ancien serviteur de la vicomtesse d'Armentières.

D'HOLBACH.

Précisément. Ce malheureux sait, à ce qu'on dit, le secret d'une cachette où aurait été déposée par sa maîtresse une somme considérable, mais le vieil intendant n'ayant plus sa raison, ne peut rien dire, ce qui met au désespoir l'héritier naturel, monsieur le marquis de Saint-Alban, et ainsi que je vous l'ai dit, pour surcroît de complication, Everard vient de s'enfuir avec le pauvre Maurice, auquel il témoigne une amitié très-vive, et que dans sa folie il prend pour un prince.

SUZANNE.

Sait-on de quel côté ils se sont dirigés?

D'HOLBACH.

On l'ignore; mais hier en faisant une nouvelle perquisition dans l'hôtel de madame d'Armentières, on a constaté que le trésor avait été enlevé la nuit précédente... Par qui? Sans nul doute par le vieil intendant. Au surplus, monsieur Lenoir, prévenu par moi ne peut manquer de découvrir leur trace et touché des infortunes de Maurice, ce magistrat m'a donné l'espérance, qu'il pourrait être confié aux soins de Madeleine et d'un savant médecin allemand de mes amis, le docteur Walden; j'espère pouvoir vous annoncer bientôt sa guérison.

SUZANNE.

Oh! alors je vous bénirai.

D'HOLBACH.

Grand merci! cela ne peut pas faire de mal, même à un philosophe.

SUZANNE.

Voici du monde... j'avais oublié que je reçois aujourd'hui cette brillante société... Quelle contrainte!

D'HOLBACH.

Allons, allons, reprenez votre gracieux sourire, faites les honneurs à ces nobles gentilshommes... ne leur montrez pas trop que vous les connaissez.

SUZANNE.

Quand nous reverrons-nous?

D'HOLBACH.

Quand vous me direz: mon parrain j'ai besoin de vous.

SUZANNE.

Est-ce de l'originalité ? est-ce de la bonté ?

D'HOLBACH.

Peut-être l'un et l'autre (*Il lui baise la main et sort.*).

SCÈNE III.

LE MARQUIS, LAGOUACHE *entrant par le fond, puis* D'HOLBACH.

LAGOUACHE, *d'un air dégagé.*

Sur mon honneur, Gaston....

LE MARQUIS.

Hein ?

LAGOUACHE.

Excusez cette familiarité, monsieur le marquis, mais le malheur rapproche les distances, et nous sommes dans une vilaine passe.

LE MARQUIS.

C'est vrai ; l'évasion d'Éverard a emporté ma dernière planche de salut.

LAGOUACHE.

Malgré toute mon éloquence, malgré les mensonges les plus ingénieux, le vieil escompteur n'a pas voulu attendre un jour, une heure, et les deux lettres de change ont dû être présentées par lui ce matin, l'une chez le baron d'Holbach et l'autre...

D'HOLBACH, *se montrant.*

Sur ma parole, vous avez prononcé mon nom.

TOUS DEUX.

D'Holbach !

LE MARQUIS.

Vous nous écoutiez, Monsieur ?

D'HOLBACH.

Ah ! fi donc ? à quoi bon, du reste ? ne sais-je pas de quoi vous parlez ?

LE MARQUIS.

Expliquez-vous, baron !

D'HOLBACH.

Avez-vous connaissance, marquis, que je vous aie jamais souscrit un billet de cent mille livres ?

LAGOUACHE, *à part.*

Nous sommes pris.

LE MARQUIS, *troublé.*

Mais, je ne sais... j'ignore... je ne puis croire...

D'HOLBACH.

C'est comme moi ; j'aurais été à cent lieues de m'en douter, si, ce matin, un honnête financier, nommé ben Israël, n'était venu m'en réclamer le paiement.

LE MARQUIS, *avec angoisse.*

Et qu'avez-vous fait ?

D'HOLBACH.

J'ai payé.

LE MARQUIS.

Ah! monsieur le baron, croyez que de ma vie... Je n'oublierai... vous êtes mon sauveur.

LAGOUACHE.

C'est un trait superbe.

D'HOLBACH.

Il paraît que j'ai l'approbation de monsieur Lagouache... Voyez pourtant à quoi l'on s'expose!

LAGOUACHE.

Je n'ai pas bien entendu.

LE MARQUIS, *cherchant à se remettre.*

Soyez sûr, d'Holbach... que je ne suis pas sans excuses... si vous saviez les circonstances... la certitude de payer à l'échéance, sans cette fatalité qui vient me priver de l'héritage de madame d'Armentières.

LAGOUACHE, *mettant la main sur son cœur.*

Le sentiment d'une conscience pure...

D'HOLBACH.

Je ne vous demande pas d'explication; j'ai fait ce que j'ai cru devoir faire... ne me remerciez pas. Seulement, vous avez joué de bonheur, je pars dans quelques heures.

LAGOUACHE.

Ah! monsieur le baron, que le ciel bénisse votre

D'HOLBACH.

Monsieur, vous m'ennuyez... adieu monsieur de Saint-Alban, quand vous serez en argent, nous réglerons cette bagatelle... (*Il sort par le fond.*)

SCÈNE IV.

LE MARQUIS, LAGOUACHE.

LE MARQUIS, *étonné.*

Est-ce par pitié pour Suzanne, par un reste d'ancienne affection?

LAGOUACHE.

Ce n'est pas par amitié pour moi, toujours.

LE MARQUIS.

Est-ce le désir de m'humilier qu'il a consenti à payer si cher?

LAGOUACHE.

C'est peut-être simplement une bonne action; ces philosophes sont capables de tout.

LE MARQUIS.

L'essentiel, c'est que me voilà tranquille de ce côté.

LAGOUACHE.

Oui; mais l'autre billet, celui de la Popelinière; certainement le financier n'aura pas payé, ne fût-ce que pour se venger de vous, qui avez eu le malheur de lui enlever madame de Sainte-Rose.

LE MARQUIS.

Oui, malheur, tu as raison; mais si avant ce soir, je pouvais retirer cet effet, peut-être serait-il encore temps...

LAGOUACHE.

Certainement, si les hommes de loi n'ont pas encore mis le nez là dedans.

LE MARQUIS.

Avec cent bons billets de caisse, on arrêterait tout; mais où les trouver?

LAGOUACHE, *se posant.*

Je crois que j'y ai pourvu.

LE MARQUIS.

Vraiment!... mon bon Lagouache!

LAGOUACHE.

Oui, monsieur le marquis.

LE MARQUIS.

Mon ami! mon sauveur!... appelle-moi simplement, marquis....

LAGOUACHE.

Eh bien! marquis, tu as lu sans doute le dernier numero des *Nouvelles à la main*, et tout ce qu'on y raconte des excentricités de ce jeune prince hongrois.

LE MARQUIS.

Oui, le prince de Krœnitz, possesseur de mines immenses, arrivé depuis quelques jours à Paris, en compagnie d'un vieil intendant, un original, un homme à manies, et qui joue, dit-on un jeu d'enfer.

LAGOUACHE.

Il jouera, aujourd'hui, ici, comprends-tu, marquis?

LE MARQUIS.

Je te comprends; mais, moi, habitué à toujours perdre, je ne sais pas corriger la fortune.

LAGOUACHE.

Ça me regarde, moi et mes amis; il jouera, il perdra, et nous pourrons faire honneur à notre signature.

LE MARQUIS.

Mais, le temps presse; le billet de La Popelinière est comme une épée de Damoclès suspendue sur ma tête... Quand viendra-t il cet étranger, maintenant mon seul espoir?

LAGOUACHE.

Il est invité; plusieurs des nôtres sont allés le prendre en carrosse... Il va venir (*Prêtant l'oreille.*) il vient.

SCÈNE V.

LES MÊMES, MAURICE, ÉVERARD, *plusieurs autres invités. Maurice, sous le nom et le costume du prince de Krœnitz, entre suivi de plusieurs chevaliers d'industrie; il est accompagné d'Éverard, et tous deux sont vêtus magnifiquement, chamarrés d'or et couverts de fourrures; ils portent la barbe de façon qu'ils sont méconnaissables. — Maurice affecte une grande dignité et se donne des airs de potentat. Ils arrivent du fond.*

LAGOUACHE.

Soleil de la Hongrie, permettez-moi de vous présenter mon noble ami, le marquis de Saint-Alban.

MAURICE.

Marquis!... (*Il s'incline légèrement.*)

LAGOUACHE.

Qui, lui-même, aura l'honneur de vous présenter à la divine madame de Sainte-Rose.

MAURICE.

Sainte-Rose!

LAGOUACHE, *à part.*

Il a une drôle de figure l'intendant (*Bas.*). Parle donc, marquis.

LE MARQUIS.

Riche étranger...

MAURICE.

Oui, riche, riche!

ÉVERARD.

Couic!

LE MARQUIS.

Je suis vraiment confus de l'honneur que vous me faites; mais, au moins, vous me trouvez ici en bonne compagnie.

LAGOUACHE.

Les meilleures familles de France, dont les nobles rejetons seront fiers de se mesurer avec Votre Altesse, sur le terrain du lansquenet et du Pharaon...

MAURICE.

Lansquenet, Pharaon... oui... des cartes... (*Il fait le mouvement de les battre.*) Plaisir!...

LE MARQUIS.

Il parle difficilement notre langue.

LAGOUACHE, *bas.*

Tant mieux! s'il joue comme il parle, notre affaire est sûre...

MAURICE.

Argent! billets de caisse, combien?...

ÉVERARD.

Mon prince, trois cent, quatre cent mille francs.

LAGOUACHE.

Quatre cent mille francs!... Prenez donc la peine d'entrer dans les salons!

MAURICE.

Oui, le jeu, le jeu... (*Il entre dans les salons d'un pas grave et majestueusement. Lagouache et les autres s'inclinent sur son passage, puis le suivent.*)

ÉVERARD, *à part.*

Ils m'ont fouillé pour avoir le trésor, mais brou brou brou, cherche! cherche! la cachette est dans l'étui de mes lunettes, couic! (*Il suit Maurice. Le marquis va faire comme eux, mais Suzanne a paru par une porte à droite.*)

SCÈNE VI.

LE MARQUIS, SUZANNE.

SUZANNE, *entrant par le fond.*

Une nouvelle dupe, sans doute... (*Arrêtant le marquis.*) Gaston, il faut que je vous parle.

LE MARQUIS.

Tout à vous, mes amours, quoiqu'un peu pressé.

SUZANNE.

Cet étranger, pourquoi vient-il ici? quel est-il?

LE MARQUIS.

La colombe après le déluge, le messager qui nous annonce la fortune... C'est un prince, Suzanne, un prince riche et aventureux; cet original et son intendant, vous le voyez, on vous revient; la mode va de nouveau vous proclamer sa reine; car, vous le savez, elle avait eu, cette fantasque déesse, le mauvais goût de vous abandonner.

SUZANNE.

Vous me trompez : quelque chose me dit que vous me trompez! cet homme vient ici pour jouer!...

LE MARQUIS.

Quand cela serait? depuis quand vous étonnez-vous d'une partie loyale entre gentilshommes? Allons, ma belle Sainte-Rose, remettez-vous; vous êtes charmante aujourd'hui; le prince soupera avec nous, et j'espère, qu'en lui faisant les honneurs de chez vous, il n'apercevra plus aucun nuage sur vos traits célestes.

SUZANNE, *le regardant en face.*

Vous voulez le dépouiller... c'est peut-être déjà fait, car Lagouache est là, avec lui.

LE MARQUIS, *durement.*

Les scrupules vous viennent un peu tard, ma mie; vous en aviez moins, quand vous m'avez si lestement ruiné, Suzanne Raymond! (*Il entre dans les salons à droite.*)

SUZANNE.

Lui aussi me méprise! le mépris d'un tel homme, et sentir qu'on le mérite!... N'importe, je l'ai voulu, j'irai jusqu'au bout : il commence à s'emporter, à me traiter avec dédain, avec colère. Tâchons de contenir la rage qui dévore mon cœur!... sa perte est à ce prix.

LE MARQUIS, *entrant furieux.*

Maladroit de Lagouache! n'avoir pas prévu cela.

SUZANNE.

Qu'est-il donc arrivé?

LE MARQUIS.

Vous aviez deviné; je ne veux plus rien vous cacher ; il me fallait l'argent de cet homme ; il a perdu tout ce qu'il avait sur lui ; une somme énorme.

SUZANNE, *contrariée.*

Eh bien, vous devez être au comble de vos vœux!

LE MARQUIS.

Je comptais sur cent mille livres, au moins, mais tout le monde, tous nos joueurs ont voulu partager, et à peine s'il me revient un millier de louis. Que voulez-vous que je fasse de cette somme, quand l'heure s'avance, quand peut-être on va venir me demander mon honneur, ma vie? Suzanne! toi seule, tu peux me sauver.

SUZANNE.

Moi?

LE MARQUIS.

Oui, quand tu le veux, rien ne peut résister à tes séductions.

SUZANNE.

Eh! bien?

LE MARQUIS.

Eh! bien, il faut qu'il joue encore, qu'il joue sur parole.

SUZANNE, *à part.*

Horreur!

LE MARQUIS, *avec un égarement graduel.*

Ne me refuse pas, tu ne peux pas me refuser, ma perte serait la tienne... Je cours chez Ben Israel, pour obtenir un répit, s'il en est temps encore... Ne me me réponds pas, agis; car, je te le répète, il y va de l'honneur! de la vie! (*Il sort précipitamment par la porte du fond, qui reste ouverte.*)

SCÈNE VII.

SUZANNE, *puis* MAURICE.

SUZANNE.

Le moment est donc venu! Eh bien! que sa destinée s'acomplisse! (*Elle va à la porte du salon de jeu.*) La partie a cessé un moment, et chacun compte sa part du gain, du vol... on veut le faire jouer encore... il se lève, il passe la main sur son front... il sourit! Mais qu'ai-je vu? ces traits, ce regard qui éveillent en moi tant de souvenirs! c'est Maurice!... Est-ce un rêve?... (*Maurice entre par la droite. Avec timidité.*) Maurice?

MAURICE.

Qui parle de Maurice? Vous savez bien qu'il est mort pour tout le monde.

SUZANNE.

Maurice, mon pauvre Maurice! (*Elle sanglotte et tombe à ses genoux.*)

MAURICE.

Tu pleures, ma bonne Madeleine! j'ai bien pleuré aussi, je l'aimais tant!

SUZANNE.

Et elle fut si coupable!

MAURICE.

Ah! ce n'est pas bien, cousine, voilà la première fois que tu m'en dis du mal!

SUZANNE, *à part.*

Chère Madeleine! (*Elle se relève.*)

MAURICE.

Tu ne sais pas? J'avais tout pardonné, quand je l'ai revue; une chaumière comme celle du village, le travail, et un jour le bonheur... elle n'a pas voulu, elle m'a livré, vendu à son marquis...et je l'aimais tant! (*Il met sa tête dans ses mains.*)

SUZANNE.

Oh! mon Dieu!

MAURICE.

Et puis, ils m'ont pris, enfermé, ils m'ont soutenu que j'étais fou.., mais tu es venue, toi, auprès de ton ami.., de ton frère... Voyons, essuie tes yeux, et embrasse-moi tu ne veux pas?

SUZANNE, *tombant à genoux.*

Oh! si! mais à genoux, à genoux!... Oh! je vendrai tout ce qui me reste pour payer les secrets de la science, tout tout pour racheter sa raison. (*Elle se relève.*)

SCÈNE VIII.

LES MÊMES, LAGOUACHE, EVERARD, JOUEURS, *sortant des salons, puis* LE MARQUIS.

LAGOUACHE, *à Maurice.*

Eh! bien, cher prince, est-ce que vous ne voulez pas prendre votre revanche?

SUZANNE.

On ne jouera plus ici!

LAGOUACHE.

Vous m'étonnez, belle madame Sainte-Rose! quel caprice soudain?

SUZANNE.

Et cette maison, vous allez la quitter à l'instant, vous et les vôtres.

LAGOUACHE.

Nous attendrons au moins pour cela que le maître ait parlé! (*En disant ces mots, il désigne le marquis qui vient d'arriver pâle et défait.*)

LE MARQUIS.

Qui ose se permettre de congédier mes amis de cet hôtel?

SUZANNE.

Moi, Monsieur! qui joins à la liste de ceux que je chasse, le nom du marquis de Saint-Alban.

LE MARQUIS.

Insensée, dans un instant, ni moi ni toi ne serons plus les maîtres ici.

LAGOUACHE.

Que veux-tu dire, marquis? tu es pâle, comme un mort?

LE MARQUIS.

Le billet est en circulation... l'autorité est prévenue... tiens, regarde!... (*Il lui montre monsieur Lenoir qui entre gravement par le fond.*)

SCÈNE IX.

LES MÊMES, MONSIEUR LENOIR.

LAGOUACHE.

Le lieutenant de police!

LENOIR.

Monsieur le marquis, l'affaire qui m'amène ici, vous concerne personnellement.

LE MARQUIS, *embarrassé.*

Je ne sais vraiment ce que vous voulez dire.

LAGOUACHE.

Ni moi.

LENOIR.

Je ne m'adresse pas à vous, Monsieur!...

LE MARQUIS.

Veuillez vous expliquer.

LENOIR.

Vous m'aviez chargé, et mon devoir m'en faisait une loi, de faire rechercher la somme qui composait l'héritage de madame d'Armentières, et qui avait disparu.

LE MARQUIS.

C'est vrai, Monsieur, mais malgré votre zèle éclairé, je désespère aujourd'hui.

LENOIR.

Vous avez tort, car cet héritage est retrouvé.

TOUS.

Est-il possible?

LAGOUACHE, *au marquis.*

Nous sommes sauvés!

LENOIR.

Everard, vieux serviteur de la vicomtesse, savait où était cette somme... il l'avait remise dans sa folie à un autre fou, évadé comme lui de Bicêtre, mais nous avons pu retrouver leurs traces et ces deux fous, les voilà. (*Il montre Maurice et Everard.* (*Stupéfaction générale.*)

LE MARQUIS.

Malédiction!

LENOIR.

Qu'avez-vous donc, Monsieur?

LE MARQUIS.

Le malheureux a joué, et tout mon argent a passé par le tapis vert.

LAGOUACHE, *à Éverard.*

Nous nous sommes volés nous-mêmes.

ÉVERARD, *à Lagouache.*

Couic! dis-lui couic!

LENOIR.

Une maison de jeu! un tripot! Mes rapports ne m'avaient pas trompé, il me reste à remplir un devoir cruel, Messieurs; vous appartenez à la justice, et vous aussi, Madame.

SUZANNE.

Oh! mon père!... êtes-vous assez vengé? (*Elle cache sa tête dans ses mains.*)

LENOIR.

Quant à vous, monsieur le marquis, votre père vous attend. Il revient à Paris comblé d'honneurs et de dignités.

LE MARQUIS.

Mon père!... en ce moment.

LENOIR.

Oui! votre père et votre juge!

FIN DU 3e ACTE ET DU 4e TABLEAU.

ACTE IV.

CINQUIÈME TABLEAU.

Chez le duc de Saint-Alban.

Un riche cabinet de travail. A gauche, premier, plan, un bureau sur lequel sont deux flambeaux allumés; un fauteuil; deuxième plan, porte latérale; troisième plan, cheminée; au fond, porte. A droite, troisième plan une fenêtre; premier plan, une porte, un petit guéridon.

SCÈNE PREMIÈRE.

LE DUC, *assis devant son bureau.*

De mon noble ami le maréchal de la Meilleraie. (*Il lit.*) « Cher » duc, avant que vous vous présentiez à Versailles au retour » de votre ambassade, il faut que je vous donne des nouvelles de » la cour. Le roi est las de tout ce ministère fondé sur l'intrigue » et le caprice de la favorite; des noms honorables, des noms » sans tache vont remplacer ceux des conseillers actuels de la » couronne, le vôtre est en tête de la liste, et, sous quelques jours, » en allant vous presser la main, je saluerai mon ami du titre » de premier ministre. » Quel honneur! jamais l'ambition d'un homme fut-elle plus satisfaite! Mais je ne puis me le dissimuler, c'est moins à mes services qu'à la pureté de ma vie, du nom de ma famille, que je dois cet honneur... Pourquoi faut-il que mon fils se montre si peu digne de cet héritage glorieux!... Qu'aura-t-il fait pendant mon absence?... Pas une lettre, pas un mot de repentir... et depuis mon retour il ne s'est pas même présenté devant moi... Je tremble d'apprendre... Oh! la vérité... la vérité!... Il faut que je la sache... (*Il sonne.*)

SCÈNE II.

LE DUC, UN LAQUAIS, *puis* MADELEINE, MAURICE.

LE DUC, *au laquais.*

Dites aux personnes qui attendent que je leur présente mes excuses, je ne recevrai pas aujourd'hui... Je veux consacrer cette journée à des intérêts de famille. (*Le laquais reste immobile.*) Eh bien! Simon, est-ce que vous ne m'avez pas entendu?

LE LAQUAIS.

Pardon, Monseigneur, et certainement entendre c'est obéir... sans aucun doute ; les ducs, les comtes, les marquis remonteront lestement dans leurs voitures, en se disant : « Cela compte pour une visite ; » mais il y a une personne à qui cet ordre-là va fendre le cœur.

LE DUC.

Qui donc ?

LE LAQUAIS, *s'arrêtant à la porte du fond.*

Une jeune fille qui m'a supplié les mains jointes de lui faire parler à M. le duc.

LE DUC.

Une jeune fille seule ?

LE LAQUAIS.

Non, Monseigneur, avec elle est un beau garçon qui a perdu la raison, le pauvre innocent, et qui la suit et lui obéit comme un enfant.

LE DUC, *à part.*

Un fou ! une jeune fille ! que signifie ?... (*Haut.*) Qu'ils entrent !

LE LAQUAIS. *à part.*

Si bon et si sévère à la fois. (*Il sort.*)

LE DUC.

Malgré moi, toutes mes idées se reportent avec terreur sur le même objet. Oh ! mon fils ! mon fils. (*Madeleine et Maurice viennent d'être introduits par le laquais, qui se retire. Maurice va à droite et reste debout devant une chaise.*)

MADELEINE, *timidement.*

C'est encore moi, Monseigneur.

LE DUC.

Attendez donc !... ces traits... vous êtes !...

MADELEINE.

Madeleine, qui vous doit déjà une grâce et que l'espoir d'un nouveau bienfait ramène auprès de vous.

MAURICE, *fausse sortie.*

Je ne veux pas rester ici... ils vont venir.

MADELEINE, *le menaçant du doigt.*

Silence, ami, ou je te quitte.

MAURICE.

Oh ! non, non, ne me quitte jamais. J'obéis ! j'obéis ! (*Il s'assied et reste immobile.*)

MADELEINE.

Vous pardonnez, n'est-ce pas, Monseigneur ?

LE DUC.

Je connais l'état de ce malheureux, et c'est pour lui sans doute que vous venez implorer mon secours ?

MADELEINE.

Non, Monseigneur.

LE DUC.

C'est pour vous, alors.

MADELEINE

Ni pour lui, ni pour moi.

LE DUC.

Pour qui donc?

MADELEINE.

Pour une infortunée qui doit à votre fils, Monseigneur, tous les malheurs de sa vie.

LE DUC.

Suzanne! la maîtresse du marquis!

MAURICE, *à lui-même.*

Suzanne! (*Il passe ses mains sur son front.*)

LE DUC.

Ne prononcez jamais ce nom-là devant moi.

MADELEINE.

Si vous saviez comme elle est malheureuse vous auriez pitié d'elle. Jetée dans une prison dont le nom dégrade et avilit: au milieu de femmes dont le regard seul glace le cœur, tourmentée, injuriée, battue, qui la sauvera, si une main généreuse, miséricordieuse ne lui fait ouvrir les portes de cet enfer? Vous ne répondez pas, Monseigneur, c'est pourtant sur vous que j'avais osé compter. Oh! je vous le jure, croyez-moi, je l'ai vue. si elle reste dans cette maison, avant un mois elle sera perdue sans retour!

LE DUC.

Jeune fille, il m'en coûte de vous affliger, mais il est des principes avec lesquels je ne transigerai jamais. A quoi servirait la vertu si le vice éhonté avait droit à l'indulgence! Le livre saint l'a dit, à chacun selon ses œuvres, aux bons cœurs la sympathie des bons cœurs, aux natures perverses la juste punition du mal qu'elles ont fait.

MADELEINE.

Monseigneur, grâce pour elle.

LE DUC.

Ni grâce ni merci pour celle qui a déshonoré les cheveux blancs de son père, qui a porté le trouble et la désolation dans une famille.

MADELEINE, *accablée de douleur.*

Oh! mon Dieu! elle restera donc seule au monde; sans un ami, sans un bon conseil, car moi non plus, je ne serai plus là; aujourd'hui même il faut que je parte avec Maurice et le docteur Walden, pour longtemps peut-être.

LE DUC.

Allons, voyons, chère enfant, chassez de votre esprit un souvenir impur, oubliez qu'il existe au monde une femme qui s'appelle Suzanne Raymond.

MAURICE, *avec folie.*

Suzanne ! Chut ! chut ! Tenez, la voyez-vous ?... sous ces fruits savoureux, sous ces fleurs vermeilles, il y a une vipère, c'est elle !

MADELEINE, *allant à lui.*

Maurice !

LE DUC.

Vous le voyez ! l'insensé lui-même a prononcé l'arrêt de cette malheureuse.

MADELEINE, *pleurant.*

Ainsi, Monseigneur, rien à espérer.

LE DUC, *avec force.*

Rien !

LE LAQUAIS.

M. le marquis vient de rentrer à l'hôtel.

LE DUC.

Enfin !

LE LAQUAIS.

Et M. Lagouache demande à parler à Monseigneur.

MADELEINE.

Oh ! que je ne les revoie pas, Monseigneur, pour Maurice, pour mon pauvre Maurice. (*Le duc fait un signe au laquais.*)

MAURICE, *se levant.*

Marquis ! Lagouache ! oh ! viens, ne me quitte pas, ils me remettraient à Bicêtre.

LE LAQUAIS, *indiquant une petite porte à droite.*

Par ici.

MADELEINE.

Adieu, Monseigneur, puisse le ciel vous épargner le chagrin et les larmes !

MAURICE.

Viens ! viens ! (*Ils sortent à droite.*)

SCÈNE III.

LE DUC, LE LAQUAIS, *puis* LAGOUACHE.

LE DUC.

Faites entrer cet homme... Les dernières paroles de cette jeune fille m'ont ému malgré moi. Je ne sais... mais j'éprouve comme le pressentiment d'un malheur... (*Le laquais introduit Lagouache et sort.*)

LAGOUACHE, *saluant profondément, avec assurance.*

Monsieur le duc de Saint-Alban me fait certainement un honneur auquel j'étais loin de m'attendre.

LE DUC.

Pas de phrases, Monsieur. J'ai voulu vous interroger. Ecoutez et répondez.

LAGOUACHE.

J'écoute avec respect; et je répondrai avec la franchise d'un gentilhomme.

LE DUC.

Si vous dites la vérité, je pourrai vous pardonner; si vous me trompez, je vous fais envoyer à la Bastille.

LAGOUACHE, *à part.*

La vérité nous coûterait trop cher, j'aime mieux risquer la Bastille.

LE DUC.

Pourquoi, au moment de mon retour, le marquis n'a-t-il pas été le premier à se présenter devant moi?

LAGOUACHE.

Il n'a pas osé, Monseigneur.

LE DUC.

Si c'est ce motif, je l'excuse; mais j'en doute.

LAGOUACHE.

Ah! monsieur le duc, sur ma foi de chevalier.

LE DUC.

Bornez-vous à répondre.

LAGOUACHE, *à part.*

Quelle barre de fer!

LE DUC.

Comment a vécu le marquis depuis que j'ai supprimé le revenu que je lui avais assuré?

LAGOUACHE.

Nous avons vécu de privations.

LE DUC.

Mais l'héritage de madame d'Armentières, qu'en a-t-il fait?

LAGOUACHE.

Un affreux malheur, Monsieur, nous avons été spoliés, volés par des escrocs.

LE DUC.

Ce doit être un mensonge, prenez garde.

LAGOUACHE.

Je le jure.

LE DUC, *hésitant.*

Et cette femme... cette madame de Sainte-Rose?

LAGOUACHE.

Monsieur le marquis a dû donner à son noble père un témoignage public d'obéissance. Nous avons fait enfermer Suzanne.

LE DUC.

Ensuite?

LAGOUACHE.

Sans le dévoûment de l'amitié qui lui a ouvert sa bourse, le marquis aurait été, lui, héritier d'une des grandes maisons de France, obligé de végéter comme le dernier cadet de famille.

LE DUC.

Alors il a contracté de nouvelles dettes?

LAGOUACHE.

Oh! peu de chose, et je crois qu'avec deux cent mille livres, mon ami ferait amplement honneur à ses affaires.

LE DUC.

Et une bonne part de cette somme, je suppose, entrerait dans le coffre de monsieur Lagouache?

LAGOUACHE.

Une faible part seulement.

LE DUC.

Vous êtes un coquin, mais je ne veux pas condamner sans entendre; j'interrogerai le marquis.

LAGOUACHE, *à part.*

Heureusement, il sait mentir.

LE LAQUAIS, *rentrant.*

Monsieur Lenoir désire parler à Monseigneur, et j'ai pensé que l'ordre de votre excellence...

LE DUC.

Le lieutenant de police, chez moi!

LAGOUACHE, *à part.*

Diable! (*Haut.*) Monsieur le duc veut-il me permettre de me retirer? (*Fausse sortie.*)

LE DUC.

Non, restez! (*Il fait un signe au laquais qui sort un instant, puis introduit M. Lenoir.*)

SCÈNE IV.

LES MÊMES, LENOIR. (*Lagouache est inquiet, il cherche à prendre une attitude calme.*)

LAGOUACHE, *à part.*

Je ne suis pas à mon aise.

LE DUC, *faisant signe au laquais d'approcher un siége.*

Monsieur, quel que soit le motif qui vous amène chez moi, permettez-moi d'abord de vous adresser une question. Est-il vrai que pendant mon absence le marquis, pour recouvrer l'affection d'un père, se soit amendé et ait cherché à faire oublier le scandale de sa vie?

LENOIR.

Qui a dit cela? (*Le duc désigne Lagouache.*)

LAGOUACHE.

Mais, moi.

LENOIR.

Si c'est vous, vous avez menti!

LAGOUACHE.

Monsieur, si je ne respectais en vous le caractère sacré du magistrat!..

LE DUC.

Assez; vous savez ce que je vous ai promis, je vous tiendrai parole. Monsieur le lieutenant de police, n'avez-vous pas pour cet homme une place à la Bastille?

LENOIR.

Non, pas à la Bastille, dont il n'est pas digne, mais au grand Châtelet.

LAGOUACHE, *à part.*

Je suis pris.

LENOIR.

Sortez, vous trouverez là quelqu'un qui vous attend.

LAGOUACHE, *allant au duc.*

Ah! Monsieur, un ami de votre fils!

LE DUC.

Sortez, misérable!

LAGOUACHE.

Je me soumets. (*Il sort; arrivé à la porte du fond, avec effronterie.*) Mais je suis une victime; un jour, mon innocence sera reconnue!

SCÈNE V.

LENOIR, LE DUC.

LE DUC, *assis à son bureau, fait signe à Lenoir de s'asseoir auprès de lui.*

Je lis dans vos regards, Monsieur, qu'une affaire grave vous amène ici; veuillez vous expliquer, je saurai tout entendre.

LENOIR, *restant debout.*

Vous savez, Monseigneur, que personne plus que moi n'honore et ne vénère en vous le modèle aujourd'hui si rare du véritable gentilhomme, que personne non plus ne connait mieux que moi la fermeté de votre cœur, que peut seule égaler celle de vos principes.

LE DUC.

Au fait, au fait, je vous en prie!

LENOIR.

Mais il est des coups si terribles que le plus grand courage suffit à peine à les supporter.

LE DUC.

Parlez, je vous écouterai avec calme; déjà mon cœur a été mis à l'épreuve, et jamais il n'a fléchi.

LENOIR.

Monseigneur, vous voyez un homme au désespoir, et je ne sais quelles paroles employer.

LE DUC, *troublé.*

Qu'est-ce donc, Monsieur?

LENOIR.

Votre fils, celui qui devait perpétuer l'honneur héréditaire des ducs de Saint-Alban, celui qui porte sur son blason la blanche hermine, avec cette devise: *Sans tache...*

LE DUC.

A dilapidé sa fortune, n'est-ce pas? et donné l'exemple de tous les déréglements? Je le sais.

LENOIR.

Il a fait plus que cela.

LE DUC, *se levant.*

Un meurtre!... l'épée à la main, n'est-ce pas?

LENOIR, *se levant aussi.*

Plût au ciel qu'il n'eût que versé le sang!

LE DUC.

Achevez! achevez! vous me mettez au supplice!

LENOIR.

Entraîné par ses passions fougueuses, par un amour insensé, conseillé par ce démon qu'il appelle son ami, il est arrivé à la dernière limite de la dégradation; enfin...

LE DUC.

Enfin?...

LENOIR.

Un mandat d'arrêt va être lancé contre lui comme... faussaire!...

LE DUC.

Oh! c'est impossible! Monsieur, dites-moi que c'est impossible, un Saint-Alban!

LENOIR.

Voici le mandat et voici le faux (*Il met le dossier sous ses yeux.*)

LE DUC, *regardant les papiers.*

J'ai trop vécu, mon Dieu! (*A part.*) Voir mon nom flétri, déshonoré, par celui... Ce nom! il faut le sauver! (*Haut.*) Monsieur, je vous remercie de m'avoir instruit le premier de cette action honteuse, vous avez voulu que je n'eusse à rougir que devant vous... vous avez pensé que je rachèterais le crime de mon fils par tous les sacrifices, vous ne vous êtes pas trompés. (*Il dépose les papiers sur son bureau dont il ouvre un tiroir.*) Prenez là le montant du billet, et croyez que je n'oublierai jamais un tel service.

LENOIR.

Il m'en coûte, monsieur le duc, de vous affliger plus profondément encore, mais mon devoir est tracé, l'honneur est aussi le patrimoine du magistrat.

LE DUC.

Mais il dépend de vous d'arrêter les poursuites; qui le saura?

LENOIR.

Ma conscience!

LE DUC, *prenant la main de Lenoir.*

N'avez-vous donc pas pitié de quarante ans d'honneur, d'une vie sans tache, consacrée au service de mon pays? Me faudra-t-il courber la tête et pleurer sur les ruines de ma maison!

LENOIR.

Noble vieillard, croyez que votre infortune trouve un écho dans mon cœur. L'homme donnerait la moitié de sa vie pour guérir la cruelle blessure qu'il vient de faire, mais la loi est inflexible. Plus le crime vient de haut, plus il doit être puni.

LE DUC.

Vous avez raison!.. oui, le crime doit être puni, il le sera. (*Il remonte.*)

LENOIR, *avec étonnement.*

Qu'entends-je?

LE DUC.

Sur ma parole, de ne rien faire pour avertir le marquis et protéger sa fuite, m'accordez-vous le temps d'avoir avec lui un entretien particulier?

LENOIR.

Sur votre parole, monsieur le duc, j'engagerais ma tête; et la preuve, c'est que je laisse ces papiers entre vos mains.

LE DUC.

Vous êtes bon, Monsieur... (*Désignant la porte de gauche.*) Je ne vous ferai pas attendre longtemps, et vous verrez si je sais accomplir un devoir.

LENOIR, *à part.*

Que va-t-il faire? (*Il sort à gauche.*)

SCÈNE VI.

LE DUC, LE MARQUIS.

LE DUC, *sonnant, au laquais.*

Faites venir le marquis. (*Seul.*) Mon Dieu! soyez mon juge.

LE MARQUIS, *entre par le fond, à part.*

Que s'est-il passé? je n'ai pas revu Lagouache, et M. Lenoir est ici. (*Haut.*) Mon père, vous m'avez fait demander?

LE DUC.

Oui, Monsieur.

LE MARQUIS.

Après une si longue absence, puis-je espérer que c'est un pardon qui rapproche le père de son fils? Puis-je espérer que je pourrai encore m'asseoir au foyer paternel?

LE DUC.

Allez fermer cette porte.

LE MARQUIS, *après avoir fermé la porte du fond.*

Pourquoi cela, mon père?

LE DUC.

Pour que nul ne voie, que nul n'entende ce qui doit se passer dans notre dernière entrevue.

LE MARQUIS.

Dernière, mon père, par grâce, expliquez-vous! (*Le duc lui donne le billet et le mandat, le marquis regarde et tombe à genoux. Le duc va à son bureau, y prend deux pistolets et en présente un à son fils. Avec effroi.)* Pourquoi cette arme, monsieur le duc?

LE DUC.

Pour vous tuer.

LE MARQUIS.

Ah! grâce! grâce, mon père, pitié pour moi!

LE DUC.

Et notre honneur! en avez-vous eu pitié?

LE MARQUIS.

Reprenez cette arme! Monsieur le duc, je veux vivre!

LE DUC.

Si vous ne vous tuez pas avec le pistolet qui est dans votre main, c'est moi qui vous tuerai avec celui qui est dans la mienne.

LE MARQUIS, *d'une voix entrecoupée.*

Mon père, vous m'aviez donné la vie, vous me la reprenez, je me soumets... assez d'infamies, l'heure du châtiment a sonné pour moi. Mais ce n'est pas de votre main qu'il faut que je meure; vous l'avez dit... Ce sera notre dernière entrevue... Du moins un mot de consolation, un mot d'adieu.

LE DUC.

Je vous pardonne. *(Il lui donne la main. Le marquis entre vivement dans le cabinet à droite. Appelant.)* Gaston! Gaston! mon fils! mon fils! *(Il court à la porte. Il est sur le seuil, une détonation se fait entendre, il s'arrête terrifié.)*

SCÈNE VII.

LE DUC, LENOIR.

LENOIR.

Grand Dieu! ce bruit!...

LE DUC, *tombant à genoux.*

Justice est faite!

LENOIR.

Que voulez-vous dire?

LE DUC.

Mon fils s'est tué, poursuivrez-vous le coupable au delà du tombeau?

LENOIR.

Mort! Il n'y a plus de faux, Monsieur, il n'y a plus de mandat d'arrêt. *(Il brûle les deux pièces avec la plus vive émotion. Il serre la main du duc.)*

LE DUC, *lui tendant la main.*

Merci!

LENOIR.

Je voudrais m'éloigner, respecter votre douleur... *(Hésitant.)* Mais la loi me commande d'accomplir un pénible devoir.

LE DUC.

Là ! là !... (*Il tombe sur son fauteuil. Lenoir entre à droite.*) Demain, j'enverrai ma démission au roi, et l'on n'entendra plus parler de moi.

LENOIR, *rentrant.*

Duc de Saint-Alban !

LE DUC.

Monsieur ?

LENOIR.

Vous m'aviez engagé votre parole, et j'ai tant de foi dans votre loyauté, que, malgré les apparences, j'hésite encore à croire que vous m'avez trompé !

LE DUC, *se levant.*

Trompé ! moi !

LENOIR, *froidement.*

Oui... Cette chambre est vide, une arme est à terre, une fenêtre ouverte.... Le coupable est en fuite. (*Il ouvre la porte.*)

LE DUC, *à part.*

Ah ! le cœur lui a manqué !

LENOIR.

Et moi, Monsieur, cédant à un mouvement de pitié irrésistible, j'ai anéanti les preuves du crime. Je l'ai fait sous la garantie de votre honneur.

LE DUC.

Oui, c'est vrai !

LENOIR.

Que répondre maintenant à ceux qui demanderont au magistrat un compte sévère de sa conduite ? Il faudra pourtant que je me justifie ! Eh bien ! je dirai que, dans le but d'anéantir l'action criminelle, on m'a fait croire à la mort du coupable, et que le coupable était vivant. Je dirai qu'on m'avait donné pour expiation et pour gage la vie d'un Saint-Alban, et que cette expiation a été lâchement retirée...

LE DUC, *l'interrompant et prenant le pistolet qui est sur son bureau.*

Arrêtez ! La vie d'un Saint-Alban, dites-vous, la voilà ! (*Il se tue.*)

FIN DU 4e ACTE ET DU 5e TABLEAU.

ACTE V.

SIXIÈME TABLEAU.

La Guinguette.

Le jardin du cabaret de la Chopinette. Tables à droite et à gauche.

SCÈNE PREMIÈRE.

CHARLOT, GARÇONS et SERVANTES, BOURGEOIS, ROBINS, MILITAIRES, GENS DU PEUPLE. GENS DU GRAND MONDE.

UN HOMME DU PEUPLE.

Hé ! la fille ! ma gibelotte.

UN AUTRE.

Est-ce que le chat n'est pas encore dépouillé?

UN TROISIÈME, *frappant sur la table.*

Garçon ! et notre pinte de vin d'Argenteuil !

CHARLOT, *en tablier de cuisine, bonnet de coton.*

Allons, allons, paresseuses, *faignantes!* Croyez-vous que je me suis associé pour faire une mauvaise maison de l'illustre cabaret de la Chopinette, le rival des Porcherons? Alerte ! chaud ! chaud ! (*A part.*) Ça ne va pas mal, et je ne suis pas fâché d'avoir quitté ma dernière place. C'est-à-dire, je me trompe, c'est ma place qui m'a quitté; mais enfin, c'est égal.

UN BOURGEOIS.

Est-ce que la Mandoline ne viendra pas aujourd'hui, maître Charlot?

CHARLOT.

La Mandoline, la chanteuse des cabarets, elle est peut-être allée chez Ramponneau, ou bien chez Landelle, au Panier-Fleuri ; mais elle va venir. Tenez, voilà le signal de la danse. Allons, une danse, en attendant l'arrivée de la Mandoline.

TOUS.

A la danse! à la danse ! (*Ils sortent par le fond à gauche.*)

SCÈNE II.

SAINT-ALBAN, *en garde française*, LAGOUACHE, *en malin,* LA COMTESSE, *en riche poissarde.*

LAGOUACHE.

Est-ce que nous ne suivons pas la bande joyeuse?

SAINT-ALBAN.

Comme vous voudrez.

LAGOUACHE.

Il a toujours ses papillons noirs.

LA COMTESSE.

Ingrat! cette froideur avec moi, qui ne suis heureuse que lorsque je vous vois sourire!... Oubliez-vous, Gaston, mon amour fidèle, quand une autre vous charmait. Malgré l'absence, j'ai toujours conservé dans mon cœur ce trésor de tendresse, et, quand l'événement qui assurait votre fortune a fait cesser mon exil, je suis partie pour vous dire : « Gaston, je t'aime toujours. »

LAGOUACHE.

Le fait est que c'est un dévouement sublime. (*A part.*) Et surtout une bonne affaire.

SAINT-ALBAN.

Merci, Julia, de tout ce que vous faites pour me distraire, pour chasser de ma mémoire ma fatale préoccupation, qui me domine malgré moi. (*A part.*) Mon père! mon père!

LAGOUACHE.

Marquis, ou plutôt duc de Saint-Alban, tu es injuste envers dame fortune, plus encore qu'avec l'amour. Comment! cette capricieuse déesse a pour toi ses plus doux sourires; tu allais tomber, elle te tend la main, elle ouvre les verroux de ma prison et les coffres d'un immense héritage.

SAINT-ALBAN.

Silence! Cette fortune, ce titre, à quel prix les ai-je acquis? Je t'ai nommé mon intendant : amuse-moi, trompe-moi, volemoi si tu veux; mais ne me parle jamais de cela.

LAGOUACHE.

Je me conformerai à vos ordres. (*Suzanne paraît misérablement vêtue, sa mandoline à la main.*)

LA COMTESSE.

Et vous, Gaston, chassez ce nuage qui obscurcit mon bonheur. Pour varier vos plaisirs, j'ai voulu vous conduire, vous accompagner partout. Aujourd'hui, c'est le tour de cette guinguette, rivale des Porcherons.

LAGOUACHE.

C'est cela, encanaillons-nous.

SAINT-ALBAN.

Va pour la canaille!

SCÈNE III.

LES MÊMES, SUZANNE.

SUZANNE.

La canaille! il n'y en a pas qu'au cabaret.

SAINT-ALBAN.

Que veut cette femme?

SUZANNE.

Oh! rien, rien! Amusez-vous. Quand on est riche quand on a une fortune honnêtement acquise...

SAINT-ALBAN.

Cette voix... Oh! c'est impossible!

LA COMTESSE.

Venez! venez! (*Elle entraîne Saint-Alban. — Lagouache les suit. — Suzanne les regarde s'éloigner avec un rire sardonique.*)

SCÈNE IV.

SUZANNE, CHARLOT.

SUZANNE.

M'a-t-il reconnue? Oh! nous nous reverrons, monsieur de Saint-Alban! On ne quitte pas ainsi une ancienne amie. (*Appelant.*) Charlot!

CHARLOT.

Voilà! voilà! la pratique. (*S'arrêtant.*) Ah! c'est elle!

SUZANNE.

Charlot, j'ai faim.

CHARLOT, *allant chercher de quoi manger.*

Eh bien! mange un peu, ça te remettra.

SUZANNE.

Oui, merci... Un peu d'eau-de-vie... Il fait si froid dans mon grenier, sans compter qu'il y pleut

CHARLOT.

Tu as l'air de souffrir.

SUZANNE.

Oh! ce n'est pas grand'chose, un soldat qui m'a battue parce que je ne voulais pas l'embrasser et m'enivrer avec lui.

CHARLOT.

Ah! si j'avais été là !... (*Changeant de ton.*) Je suis bien content de ne pas y avoir été.

SUZANNE.

Tu me plains, Charlot.

CHARLOT.

Je te plains et je me plains, car enfin je ne te reproche pas la nourriture, mais c'est un peu plus souvent qu'à mon tour.

SUZANNE, *se levant.*

Adieu, Charlot, je ne reviendrai plus, la rivière n'est pas déjà si loin.

CHARLOT, *la faisant rasseoir.*

Eh non! Suzanne, reste donc, j'ai été assez longtemps nourri et hébergé par la brillante Sainte-Rose. (*Versant à boire.*) Je peux bien à c'te heure offrir un verre de quelque chose à la Mandoline.

SUZANNE.

A la bonne heure, comme ça.

CHARLOT.

Ce que je voulais dire, c'est qu'en sortant de prison tu aurais bien pu, au lieu de traîner la guenille, t'adresser à ton parrain.

SUZANNE.

Le baron d'Holbach ! Je n'ai pas osé lui écrire... J'étais tombée trop bas.

CHARLOT.

Mais les autres.

SUZANNE.

Saint-Alban, n'est-ce pas? Crois-tu qu'il m'aurait ramassée dans le ruisseau, quand il venait de ramasser dans le sang sa couronne de duc.

CHARLOT.

Silence ! silence, malheureuse !

SUZANNE.

Mon père! Ah ! je n'ose y penser que dans mes prières... Madeleine? elle est venue une fois, et je n'ai pas cherché à la revoir... Devais je par ma présence aller ternir la pureté d'un ange et réveiller dans le cœur de mon pauvre Maurice...

CHARLOT.

Elle l'aime toujours !

SUZANNE.

Travailler? Je ne savais rien faire, et puis je suis paresseuse; j'aurais pu encore ruiner quelque riche marchand, quelque pécheur honteux. On me l'a offert, on a fait briller à mes yeux de l'or, le luxe, la toilette. J'ai préféré les haillons qui me couvrent : je puis prier, au moins.

CHARLOT.

De sorte que n'ayant plus que moi, vous m'avez donné la préférence.

SUZANNE.

Toi, je te connais, tu n'as pas de préjugés.

CHARLOT.

Comment, je n'ai pas de préjugés?

SUZANNE.

Je veux dire que tu es aussi un peu perdu.

CHARLOT.

Ah ! à la bonne heure !

SUZANNE.

Sois toujours bon pour moi, ça te portera bonheur. D'ailleurs, je le sens là, ça ne durera pas longtemps, et je gagnerai toujours bien assez pour te payer.

CHARLOT.

Ne parlons pas de ça... Je mettrai un peu plus sur la carte des autres et j'y aurai encore du bénéfice. Seulement aujourd'hui je te demanderai un petit service.

SUZANNE.

Quoi donc?

CHARLOT.

Je reçois ici toute sorte de monde, et quelquefois des gentilshommes huppés, qui font pas mal de dépense...

SUZANNE.

Oui, je comprends, comme ces trois qui étaient là tout à l'heure.

CHARLOT.

Tu les a donc reconnus?

SUZANNE, *reprenant sa mandoline.*

Peut-être oui, peut-être non. Mais enfin, je conçois que tu craignes une rencontre qui ferait du tort à ton établissement. Je voulais d'abord, mais j'y renonce; je ne dois pas nuire à celui qui a partagé son pain avec moi.

SCÈNE V.

CHARLOT, SUZANNE, BUVEURS.

TOUS, *rentrant.*

La Mandoline! la Mandoline!... Une chanson!

SUZANNE, *montrant sa mandoline.*

Chanter!... Vous voyez bien que j' peux pas. J'ai pas eu d' chance chez Ramponneau, des courtauds de boutique m'ont fait sauter en riant aux éclats et puis un d'eux, pour prouver sa force, a donné un grand coup de poing sur ma mandoline et il a brisé mon pauvre gagne pain.

UN HABITUÉ.

Eh bien! nous t'accompagnerons avec les castagnettes. (*Quelques habitués brisent les assiettes en tessons.*)

TOUS.

Oui, oui, chante.

CHARLOT, *à part.*

Bon! les voilà qui détériorent ma vaisselle.

SUZANNE.

Chanter!... Oui, vous avez raison, c'est mon état d'être gaie. Allons, à boire! et vive la joie! (*Elle trinque.*)

AIR : *De M. Mongeant* (1).

Venez, enfants de la guinguette,
Accourez tous au grand complet,
Venez boire à la Chopinette,
Le vin clairet
Du cabaret.
Choquez le verre et la bouteille,
Sablez cette liqueur vermeille,
Que sous la treille (*bis*)

(1) Voir la note à la fin de la pièce.

Le vin clairet
Du cabaret.
Choquez le verre et la bouteille
Sablez cette liqueur vermeille
Que sous la treille (*bis.*)
Retentisse ce gai refrain
Tin, tin, tin, tin, tin, tin !
Buvons, chantons jusqu'à demain.

PREMIER COUPLET.

Amis, ici la vie est bonne,
A la porte on laisse l'orgueil,
Le vin, on le tire à la tonne,
Le champagne vient d'Argenteuil.
Rieuses Fanchons, joyeux drilles
Trinquez tous au bruit des chansons.
Danseurs, faites sauter les filles
Buveurs, fait's sauter les bouchons.

Venez, enfants de la guinguette, etc.

(*Reprise du refrain, par tous les habitués avec les castagnettes improvisées et le bruit des couteaux sur les verres et sur le tables.*)

DEUXIÈME COUPLET.

En ces lieux la muse grivoise,
Enrôle tout sous ses drapeaux,
La poissarde avec la bourgeoise
Y lutte de joyeux propos
Même on y voit mainte duchesse
Heureuse de son rang perdu.
Se consoler de sa richesse,
C'est si bon le fruit défendu !

Venez, enfants de la guinguette, etc.
(*Reprise, comme précédemment.*)

SCÈNE VI.

LES MÊMES, SAINT-ALBAN, LAGOUACHE, LA COMTESSE.

CHARLOT, *à Saint-Alban et à la Comtesse.*
Le troisième couplet sera en votre honneur, Madame et Messieurs.

SUZANNE.

Oui, oui, à leur intention.

TROISIÈME COUPLET.

Il vient aussi dans cett' demeure
Plus d'un noble à triple quartier.

(*Mouvement de Saint-Alban.*)

Dont la conscience n'est pas meilleure,
Que la piquett' du cabaretier

(*Mouvement de Charlot.*)

Bois donc, bois donc jusqu'à la lie,
Etourdis ton cœur et ta foi,
Heureux, heureux, quand on oublie
Beau gentilhomme enivre toi.

CHARLOT.

Eh bien ! la mandoline, qu'est-ce que tu as donc? Est-ce que tu vas pleurnicher?

SUZANNE.

Moi !... Au contraire, je suis gaie, très-gaie.

CHARLOT.

Allons, ferme ! à nous deux !

SUZANNE et CHARLOT *chantant.*

Allons enfants de la guinguette, etc.

(*Tous reprennent le refrain.*)

SAINT-ALBAN, *bas.*

Suzanne, c'est donc vous ?

SUZANNE.

Oui, c'est moi, je suis bonne fille, je ne veux pas troubler tes plaisirs... Tiens, tu as le même costume que Maurice; il te va bien l'uniforme de ta victime. Il ne te manque que les ordres et le grand cordon de ton père.

LAGOUACHE.

C'est Suzanne! retirons-nous !

LA COMTESSE.

Pourquoi donc ?... ça m'amusera.

SUZANNE.

Ah ! ça t'amusera... Eh bien ! nous allons voir !

CHARLOT.

Pas de bêtises, je t'en prie.

SUZANNE.

C'est elle qui l'a voulu.

UN HOMME.

Il faut qu'elle boive! il faut qu'elle chante.

TOUS.

Oui! oui!

SUZANNE.

Je ne boirai pas, je n'ai plus soif; je ne chanterai plus. Mais si vous voulez vous cotiser pour faire raccommoder ma mandoline, je vous conterai une bonne histoire.

TOUS.

Parle! parle! (*Suzanne prend une écuelle et fait la quête.—Saint-Alban met une pièce d'or dans la sébile.*)

SUZANNE, *reprenant la pièce d'or et la jetant sur la table.*

Je ne veux pas de votre argent à vous. (*Lagouache et la comtesse vont pour donner. — Suzanne fait un mouvement.*) Si vous êtes contents, vous donnerez après. — Ecoutez-moi, m'y voilà. En face de la pauvre chaumière, s'élevait le château, sombre et menaçant malgré ses airs de fête, car là se cachait le vautour prêt à s'élancer sur sa proie. — La jeune fille attendait son fiancé, son seul amour, mais elle était légère, coquette... (*Mouvement du peuple.*) Ah! ne la condamnez pas, elle l'a payé si cher! Un misérable... Mais ça a l'air de vous contrarier, beau garde française?

TOUS.

Continue, continue.

SUZANNE.

Un misérable! un lâche, employa la violence. Le château fut brûlé, et avec la fumée qui sortait de ce monceau de cendres, s'envola dans les airs et l'honneur d'un grand nom et le bonheur de tout un village.

TOUS.

Continue! continue!

SUZANNE.

Un moment: Grâce au noble cœur d'un gentilhomme (le père de l'infâme), la fille séduite espéra une réparation; mais une femme jalouse était là, non pas une femme, un monstre: (*A la comtesse.*) Tu pâlis, Javotte, faut pas te faire du mal comme ça, ma fille.

LA COMTESSE.

Moi? au contraire!

SUZANNE.

C'est vrai, au fait, tu as dit, ça m'amusera.—Ce monstre endormit sa victime à l'aide d'un bouquet, et avec le secours d'un escroc de bas étage (*Elle regarde fixement Lagouache.*).

LAGOUACHE.

Achevez! achevez, ça m'intéresse beaucoup.

SUZANNE.

On transporta la pauvre fille dans une maison honteuse, et là, elle fut maudite par son père.

TOUS.

Ah!

SUZANNE.

Il ne lui restait que la vengeance. Dieu n'en voulut pas; elle renia son nom, sa famille; son amant devint fou de désespoir. Lui, l'infâme, tua son père, le noble gentilhomme, parce qu'il n'eût pas, le lâche, le courage de se tuer. (*Mouvement général d'horreur.*) Attendez, il faut que vous sachiez tout. La pauvre fille coupable, l'amante infidèle et parjure, c'est moi, qui mendie aujourd'hui, jusqu'à ce que le chagrin me tue, moi, qui chante pour vous faire rire, en dévorant mes larmes (*Relevant la tête*) : Mais il faut que vous connaissiez aussi le nom des autres, qui sont au comble de la fortune quand je suis dans la boue de la rue. — Ecartez-vous, je vais vous les montrer. (*Les hommes assis par terre se lèvent et font place.—Les désignant tour à tour.*) L'escroc, c'est le chevalier de Lagouache... l'empoisonneuse, c'est la comtesse de Luciano... le parricide, c'est le duc de Saint-Alban.

SAINT-ALBAN.

Venez, venez, madame la comtesse.

TOUS.

Ils ne sortiront pas... A l'eau! à l'eau, les infâmes!

SCÈNE VII.

LES MÊMES, UN OFFICIER, LE GUET.

LAGOUACHE.

Monsieur l'officier cette fille nous insulte; elle ameute contre nous la populace... vous nous devez aide et protection.

SAINT-ALBAN.

Je suis le duc de Saint-Alban, et madame est la comtesse de Luciano.

L'OFFICIER.

Votre affaire est mauvaise, la fille! Injurier des gens de qualité!... Suivez-moi.

TOUS.

Oh! oh!...

L'OFFICIER.

A moins que quelqu'un ne réponde de vous.

SCÈNE VIII.

LES MÊMES, D'HOLBACH.

D'HOLBACH.

Me voici, Monsieur!

TOUS.

Le baron d'Holbach!

SAINT-ALBAN.

Le baron d'Holbach.

D'HOLBACH.

Vous voyez, Monsieur, que mon nom est connu, même de monsieur de Saint-Alban. Laissez cette femme je me fais sa caution. (*Etonnement de tous*) Suzanne Raymond, ne rougissez plus des haillons qui vous couvrent, il vous honorent plus à mes yeux que les brillantes parures de madame de Sainte-Rose. Mon carrosse vous attend à la porte, venez, donnez-moi votre bras. (*Il lui donne la main.*) Nous avons une affaire à régler ensemble, monsieur le duc, j'aurai l'honneur de me présenter chez vous demain matin.

FIN DU 6e TABLEAU.

SEPTIÈME TABLEAU.

A l'hôtel Saint-Alban.

Riche salon. A gauche, premier plan, porte latérale; porte au fond; fauteuil. A droite, troisième plan, guéridon, fauteuils; premier plan, porte latérale à l'avant-scène. A gauche, canapé. A droite, fauteuils.

SCÈNE PREMIÈRE.

LAGOUACHE, LA COMTESSE.

LA COMTESSE.

Est-ce que Saint-Alban n'est pas encore descendu de son appartement?

LAGOUACHE.

Son valet de chambre avait ordre de ne pas laisser entrer, et comme cette scène des Porcherons avait encore augmenté ses humeurs noires, je n'ai pas insisté.

LA COMTESSE.

Nous étions pourtant convenus de ne jamais le laisser seul livré à ses pensées.

LAGOUACHE.

Doutez de ma bonne foi, je le veux bien, mais de mon adresse, c'est humiliant.

LA COMTESSE.

Je ne doute ni de l'une ni de l'autre, je n'oublie pas qu'une première fois vous m'êtes venu en aide sans hésitation.

LAGOUACHE.

Sans scrupule.

LA COMTESSE.

Qu'une autre fois vous m'avez écrit dans l'exil qu'il était temps de revenir. Je crois aussi qu'en toute occasion vous seriez prêt à seconder.

LAGOUACHE.

En conscience.

LA COMTESSE.

Eh bien! monsieur Lagouache, quand je serai duchesse, vous verrez si je sais reconnaître un service.

LAGOUACHE.

Oh! alors que Madame daigne seulement me garder comme intendant, je serai assez payé.

LA COMTESSE, *souriant*.

Ou... je vous comprends. Chacun aura atteint son but, à vous de l'or, tout l'or qu'il me donnera; à moi son amour sans partage.

LAGOUACHE.

Accepté! Mais ce double but, hâtons-nous de l'atteindre; chaque jour mon noble patron devient plus fantasque.

LA COMTESSE.

C'est vrai; malgré les voyages, les plaisirs bruyants où je l'ai entraîné, il n'est plus le même depuis la mort de son père; souvent il se parle à lui-même, comme en proie à des terreurs involontaires.

LAGOUACHE.

Avez-vous remarqué hier, comme il a été troublé, bouleversé à l'apparition soudaine du baron et de Suzanne?

LA COMTESSE.

Ah! croyez-vous que je redoute cette créature? (*S'animant.*) Et cependant il m'a déjà trompée pour elle... S'il allait ne plus m'aimer! Ah! j'aimerais mieux être morte!

LAGOUACHE.

Vous m'effrayez!

LA COMTESSE.

Je vous dirai tout; mais il faut le prévenir, il faut que Saint-Alban fixe un jour prochain pour notre mariage.

LAGOUACHE.

C'est prudent, et avec vous, belle enchanteresse, c'est facile.

LA COMTESSE.

Vous avez raison, il faut qu'il se décide, cette incertitude me tue.

LAGOUACHE.

Le voici. Souvenez-vous de deux mots seulement : fortune, amour!

SCÈNE II.

LES MÊMES, SAINT-ALBAN. (*Il arrive lentement, préoccupé, le front chargé de soucis, mais en apercevant la comtesse son visage s'éclaircit et il va vers elle avec empressement.*)

SAINT-ALBAN.

Chère Julia, comme vous vous êtes fait attendre ce matin.

LAGOUACHE.

Monsieur le duc oublie qu'il avait défendu sa porte.

SAINT-ALBAN.

Eh! ce n'est pas pour toi, encore moins pour elle. Tu sais bien que je ne suis heureux que lorsque ses beaux yeux sont fixés sur moi.

LA COMTESSE.

Dites-vous vrai, Gaston? Et ces yeux que vous aimez à voir fixés sur les vôtres, ne vous apercevez-vous pas qu'une longue insomnie les a flétris et que toute la nuit ils ont versé des larmes?

LAGOUACHE, *à part.*

Si elle pleure, la victoire est à nous.

SAINT-ALBAN.

Des larmes! vous? Et pourquoi?

LA COMTESSE.

C'est que j'ai réfléchi à votre position, à la mienne, à l'opinion du monde qui ne respecte pas les rangs les plus élevés.

SAINT-ALBAN, *à part.*

Que veut-elle dire?... Aurait-elle appris l'affreuse vérité sur cette honte que j'ai pris tant de soin à lui cacher?

LA COMTESSE.

Quelle émotion pénible. (*Avec un peu d'amertume*) Devinez-vous que je veux vous parler de mon amour?

SAINT-ALBAN, *à part.*

Ah! je respire!

LA COMTESSE.

Regardez-moi en face, car c'est dans vos yeux que je veux lire ma destinée.

SAINT-ALBAN.

Je ne vous comprends pas.

LA COMTESSE.

Écoutez-moi. Quand vous n'étiez que Gaston, un simple gentilhomme dépendant de l'autorité d'un père, j'ai pu me perdre avec vous, jeter au vent ma fortune et ma réputation, j'avais une excuse, j'aimais; j'avais un espoir, celui de vous voir un jour récompenser mon dévouement et me racheter à mes propres yeux, me réconcilier avec ce monde dont j'avais bravé le mépris. Mais aujourd'hui que vous voilà maître de votre volonté, savez-vous ce qu'on dit de moi? Ce qu'on dit de vous, depuis les riches salons de la noblesse, jusque dans l'antichambre de vos gens?... Il la méprise aussi lui, car la comtesse de Luciano n'est encore que la maîtresse du duc de Saint-Alban.

SAINT-ALBAN.

Tais-toi, tais-toi, Julia!

LAGOUACHE, *à part.*

Bien!

LA COMTESSE.

C'est indigne, n'est-ce pas, pour une pauvre femme qui vous a consacré sa vie... Mais, si ce doit être ma punition, dites-le moi, j'aurai la force de l'entendre, j'aurai le courage de supporter l'abandon et si un jour il me manquait, n'y a-t-il pas dans ce flacon un remède à toutes les misères?

SAINT-ALBAN.

Julia! ma Julia... Sais-tu comment je répondrai à ce monde envieux et méchant.

LA COMTESSE.

Gaston.

SAINT-ALBAN.

Je lui répondrai en annonçant publiquement notre mariage.

LA COMTESSE.

Tu m'aimerais assez pour cela?

SAINT-ALBAN.

En lui présentant avant huit jours la duchesse de Saint-Alban.

LA COMTESSE, *avec expansion.*

Je serai sa femme!

LAGOUACHE, *à part.*

Je serai toujours intendant!

SCÈNE III.

LES MÊMES, UN LAQUAIS, *puis* D'HOLBACH.

LE LAQUAIS, *annonçant.*

Monsieur le baron d'Holbach.

LAGOUACHE, *à part.*

Que le diable l'emporte !

SAINT-ALBAN, *à part.*

Je l'avais oublié !

LA COMTESSE, *à part, les regardant.*

Il y a là-dessous un malheur ou au moins un ennemi.

D'HOLBACH, *entre par le fond et salue froidement.*

Monsieur le duc de Saint-Alban voit que je suis exact.

LAGOUACHE.

Que voulez-vous, Monsieur? vous voyez que nous sommes en compagnie.

D'HOLBACH.

Je vois que monsieur le duc est avec une dame à qui je voudrais éviter des émotions pénibles, et un coquin auquel j'avais défendu de m'adresser la parole.

SAINT-ALBAN.

Venez, venez, Julia, vous saurez tout (*Saint-Alban lui donne la main et la reconduit à gauche. D'Holbach fait du doigt un signe impératif à Lagouache qui sort par le fond.*).

SCÈNE IV.

D'HOLBACH, SAINT-ALBAN.

SAINT-ALBAN.

Je devine le but de votre visite, monsieur le baron, une ancienne dette, n'est-ce pas?

D'HOLBACH, *appuyant.*

Oui, une dette à acquitter.

SAINT-ALBAN.

Pourquoi n'être pas venu plus tôt?

D'HOLBACH.

J'étais absent ; le bonheur de voir les progrès que fait chaque jour la guérison de Maurice, grâce aux soins éclairés de Walden et au dévouement de Madeleine, m'a retenu trop longtemps en Allemagne. J'ignorais, comme vous le pensez, le lâche abandon où se trouvait Suzanne.

SAINT-ALBAN.

Monsieur !

D'HOLBACH.

Mais, par bonheur, j'arrive assez à temps pour lui faire un piédestal de son malheur!

SAINT-ALBAN.

Je ne sais ce que vous voulez dire, et je vous demanderai en grâce de ne parler que de la somme que je vous dois.

D'HOLBACH.

Soit! ne parlons que de cela.

SAINT-ALBAN.

Je n'oublie pas que vous avez été parfait avec moi. Et je suis heureux de pouvoir m'acquitter envers vous. Voici, en deux bons de caisse les cent mille livres, rendez-moi la lettre de change, et croyez-moi votre obligé de ce petit service.

D'HOLBACH.

Un moment!... vous m'offrez le capital, c'est fort bien; mais les intérêts?

SAINT-ALBAN.

Les intérêts!... Excusez-moi; mais je ne pensais pas qu'un gentilhomme dérogeât jusqu'à devenir financier.

D'HOLBACH.

Dites usurier, et vous aurez raison, car je vais vous prendre cher, très-cher....

SAINT-ALBAN.

Soit! Fixez vous-même la somme et prenez mon portefeuille!

D'HOLBACH.

Oh! je sais que vous êtes devenu riche, immensément riche, et que vous voilà aussi prodigue de votre bien que vous l'étiez de celui des autres; mais il y a certaines dettes qui ne se paient pas avec de l'or...

SAINT-ALBAN.

Je ne vous comprends pas.

D'HOLBACH, *ironiquement*.

Vous croyez?... Eh bien! je vais me faire comprendre. Vous connaissez la nature de la lettre de change qui est entre mes mains, vous n'ignorez pas que ma signature a été contrefaite, ou par vous, ou à votre profit.

SAINT-ALBAN.

Monsieur, venez-vous ici pour me rappeler l'oubli d'un moment; une de ces peccadilles que la jeunesse, que la passion excusent?

D'HOLBACH.

Et que la loi punit des galères.

SAINT-ALBAN.

Malheureux!

D'HOLBACH.

Plus bas, plus bas, monsieur le duc, c'est à vous de baisser la tête, c'est à moi de la relever, car votre honneur m'appartient.

SAINT-ALBAN.

Ah! vous croyez cela, monsieur le philosophe; mais alors il fallait prendre vos précautions; entre nous, je suis votre débiteur et je ne demande qu'à m'acquitter; mais, légalement, vous avez reconnu votre signature puisque vous avez payé.

D'HOLBACH, *froidement.*

Ce doit être là une idée de M. Lagouache.

SAINT-ALBAN.

Voulez-vous votre argent, oui ou non?

D'HOLBACH.

Non.

SAINT-ALBAN.

Eh bien! je n'ai plus qu'un mot à vous dire : sortez de chez moi!...

D'HOLBACH.

Prenez garde, vous allez me rappeler... J'ai payé, c'est vrai; mais, par un acte parfaitement en règle, j'ai déclaré que je faisais mes réserves pour les poursuites (*Après un temps*), et je vais poursuivre (*Il gagne la porte.*)

SAINT-ALBAN.

Un moment donc!

D'HOLBACH.

Je vous avais bien dit que vous me rappelleriez; un peu de calme et causons tranquillement.

SAINT-ALBAN.

Vous êtes décidé à me perdre, n'est-ce pas?

D'HOLBACH.

Non, mais à vous forcer d'accomplir un grand acte de réparation.

SAINT-ALBAN.

Faut-il doubler, tripler la somme?

D'HOLBACH.

Vous n'y êtes pas! j'ai promis à celle qui vous doit tous ses malheurs qu'un jour, elle serait une grande dame, et ma réputation de prophète est intéressée à ce que la prédiction s'accomplisse!

SAINT-ALBAN.

Eh! que m'importe! ne parlons que de cet infernal billet! Je suis prêt à le racheter au prix que vous y mettrez vous-même.

D'HOLBACH

Soit! ce billet sera anéanti brûlé sous vos yeux, mais voici mes conditions : d'abord, vous me paierez, c'est tout simple, et de plus (*avec autorité*) Suzanne sera duchesse de Saint-Alban.

SAINT-ALBAN.

Duchesse de Saint-Alban ! elle ! J'irais ramasser dans le ruisseau celle qui doit porter mon nom !

D'HOLBACH.

Qui l'y a jetée, Monseigneur ?

SAINT-ALBAN.

Vous ne parlez pas sérieusement, j'espère ?

D'HOLBACH.

Très-sérieusement, c'est à prendre ou à laisser.

SAINT-ALBAN.

Jamais ! jamais !

D'HOLBACH.

Alors, je me donnerai le passe-temps de vous envoyer sur les vaisseaux du roi.

SAINT-ALBAN.

Avant cela, vous me rendrez raison de votre infâme conduite.

D'HOLBACH.

Oh ! oh ! nous voulons dégainer ! Mais vous savez bien qu'à ce jeu-là je défie les maîtres, et que vous ne seriez pas de force avec moi (*Il se rassied dans un fauteuil.*).

SAINT-ALBAN.

N'importe !

D'HOLBACH.

Oui, j'entends. Vous seriez bien aise d'être tué par un galant homme. Vous n'êtes pas dégoûté, mon cher !... Mais, désolé, je ne puis pas vous rendre ce service.

SAINT-ALBAN.

Baron, levez-vous, et en garde !

D'HOLBACH.

Allons donc ! Est-ce qu'on se bat avec un faussaire ?

SAINT-ALBAN.

Défendez-vous, ou je vous tue !

D'HOLBACH.

Un assassinat ! Vous en êtes bien capable !

SAINT-ALBAN, *avec rage.*

Oui, je vous tuerai ! (*Il s'avance l'épée haute.*)

D'HOLBACH, *se levant.*

Ah ! c'est différent, par exemple ! (*Du premier coup il le désarme. — Froidement.*) A quand la noce ?

SAINT-ALBAN.

Malédiction ! la comtesse !

SCÈNE V.

LES MÊMES, LA COMTESSE, LAGOUACHE.

SAINT-ALBAN.

Monsieur le baron, je suis à votre merci. Mais pas un mot devant Madame.

LA COMTESSE.

Gaston, vous n'avez plus de secret pour moi. (*Montrant Lagouache.*) Il a tout entendu, et je sais ce qu'exige de vous cet homme impitoyable.

SAINT-ALBAN.

Qu'il agisse donc! Tout au monde, plutôt que d'oublier la promesse que je vous ai faite.

LA COMTESSE.

Le nom de celui que j'aime ne doit pas être flétri. Qu'une autre me prenne mon bonheur! que le sacrifice qu'on vous demande rachète un moment de faiblesse... (*Mouvement de Saint-Alban.*) Oh! ne m'interrompez pas; songez que, ainsi que votre épée, votre honneur est à terre. Relevez l'un et l'autre, et Julia sera fière, heureuse, de votre réhabilitation, dût-elle la payer de tout le repos de sa vie.

SAINT-ALBAN.

Julia, tant de générosité...

LAGOUACHE, *bas à Saint-Alban.*

Pensez aux galères... (*Saint-Alban frémit.*)

D'HOLBACH.

A la bonne heure! voilà qui est raisonnable. Je vois que les excellents conseils de madame la comtesse produisent déjà leur effet; car il me semble lire dans les yeux de monsieur de Saint-Alban qu'il est tout à fait décidé.

SAINT-ALBAN.

Monsieur le baron me fera la grâce de me laisser quelque temps à mes réflexions?

D'HOLBACH.

Oh! la réflexion gâterait tout. Vous vous mariez dans une heure.

SAINT-ALBAN.

Mais les préparatifs?

D'HOLBACH.

Ils sont faits.

SAINT-ALBAN.

Les témoins?

D'HOLBACH.

J'y ai pourvu. Pour vous, M. de Liancourt, M. le prince de Guéménée; pour nous, Diderot et M. Lenoir.

LAGOUACHE.

Mais la cérémonie?

D'HOLBACH.

Tout est disposé dans la chapelle Sainte-Valère, à quelques pas de votre hôtel. Quant au notaire, il viendra ici avec les invités; car je me suis permis de faire des invitations.

LA COMTESSE.

Et la mariée?

D'HOLBACH.

Elle attend son fiancé.

LE LAQUAIS, *entrant.*

Le carrosse de monsieur le duc.

SAINT-ALBAN.

Mon carrosse!

D'HOLBACH.

C'est aussi moi qui l'ai commandé.

SAINT-ALBAN.

Dites un mot, Julia, et je le...

LA COMTESSE.

Gaston, pour l'amour de moi...

SAINT-ALBAN.

Eh bien! j'obéis!... A elle mon nom, mon titre; mais à toi mes richesses, à toi ma vie! Venez, Monsieur.

D'HOLBACH.

Allons donc! on a bien de la peine à vous marier. (*Laissant passer Saint-Alban.*) Après vous, monsieur le duc. A tout seigneur, tout honneur (*Ils sortent au fond.*).

SCÈNE VI.

LAGOUACHE, LA COMTESSE.

LAGOUACHE.

Est-ce un rêve? L'ardente Julia, capable d'une telle résignation. (*S'approchant d'elle.*) Madame la comtesse...

LA COMTESSE, *froidement.*

Eh bien?

LAGOUACHE.

Voulez-vous permettre à votre humble serviteur de vous adresser une question?

LA COMTESSE.

Parlez.

LAGOUACHE.

Madame de Luciano renonce-t-elle véritablement à son mariage?

LA COMTESSE.

Je croyais que vous me connaissiez.

LAGOUACHE.

Moi aussi; mais, franchement, je m'y perds. Cette figure calme, impassible...

LA COMTESSE.

Je suis calme, parce que mon parti est pris, qu'il est irrévocable !

LAGOUACHE.

D'honneur ! je m'attendais à de la colère, à des emportements.

LA COMTESSE.

A quoi cela eût-il servi? Au moindre mot imprudent de ma part, Saint-Alban eût tout bravé, tout risqué, et, de son côté, ce d'Holbach n'eût pas reculé.

LAGOUACHE.

C'était critique, j'en conviens.

LA COMTESSE.

Je le perdais, lui qui m'est plus cher que la vie; au lieu qu'en agissant comme je l'ai fait, la justice sera désarmée. Oui, à la flamme du premier cierge allumé pour ce mariage sera brûlée la seule preuve qui existe, la fatale lettre de change, et Gaston sera sauvé.

LAGOUACHE.

Parfait pour lui; mais vous, qu'une destinée si brillante attendait, vous vous condamnerez donc au sacrifice, comme une victime expiatoire?

LA COMTESSE, *avec énergie*

Vous verrez si je l'ai sauvé pour le jeter dans les bras d'une autre?

LAGOUACHE.

Mais ils sont à la chapelle; le prêtre unit Saint-Alban à Suzanne par des liens indissolubles.

LA COMTESSE.

Ne peut-il devenir veuf dans quelque temps, demain, aujourd'hui même?

LAGOUACHE, *à part.*

Quel regard!... Décidément, elle est plus forte que moi. *(Plusieurs personnes commencent à arriver.)*

LA COMTESSE.

Allons, chevalier, voici les invités. Remplissez vos fonctions, donnez des ordres à tous les gens de l'hôtel. Je vais les recevoir, composons notre visage, le sourire sur les lèvres et l'espoir dans le cœur.

SCÈNE VII.

LES MÊMES, SAINT-ALBAN, SUZANNE, LENOIR, LES TÉMOINS, LE NOTAIRE. *Suzanne est pâle et défaite, son regard est fixe.*

D'HOLBACH, *d'un air dégagé.*

Messieurs, mon noble ami le duc de Saint-Alban doit vous remercier de votre empressement à vous rendre à son invitation; si ces noces sont improvisées, c'est que l'époux n'a pas voulu retarder d'un jour, d'une heure, la réparation qui fut le derner vœu de son père.

SAINT-ALBAN, *bas.*

Oh! ne parlez pas ici de mon père!

D'HOLBACH, *indiquant le notaire qui s'est placé à la table, à droite, deuxième plan.*

Si monsieur le duc et madame la comtesse veulent jeter un coup d'œil sur le contrat...

SAINT-ALBAN.

Eh! que m'importe! (*Il s'approche de la comtesse.*) Vous l'avez voulu, Julia, Suzanne est unie à moi pour toujours.

LA COMTESSE.

Votre bonheur l'exigeait, Gaston.

D'HOLBACH, *allant au notaire.*

Vous verrez que ce sera encore moi qui serai forcé de m'occuper de ces choses-là... Très-bien rédigé, parfait. Tous ses biens après sa mort. (*Revenant à Suzanne.*) J'espère que ma belle amie ne pouvait demander davantage.

SUZANNE.

Je ne vous demandais qu'un couvent afin d'y prier pour vous et pour moi.

D'HOLBACH.

Grand merci! Un couvent vous eût peut-être valu le pardon du ciel, mais votre père?

SUZANNE.

Vous m'avez dit que son repos, sa vie, étaient à ce prix, et j'ai obéi; mais je suis au bout de mes forces, hâtez-vous pour que je puisse me retirer. Adieu, Maurice; Adieu. (*Regardant autour d'elle*) Une fête! grand Dieu! dans cet hôtel où l'infamie a commencé pour moi, où ce noble gentilhomme a laissé les traces de son sang! (*Elle chancelle, d'Holbach la soutient.*)

LAGOUACHE.

Madame la duchesse s'évanouit. (*Tout le monde s'approche.*)

D'HOLBACH.

Oh! ce ne sera rien... une émotion bien naturelle. Quelques gouttes d'éther dans un verre d'eau. (*La comtesse tire froi-

dement un flacon et le passe à Lagouache, qui en verse le contenu dans le verre qu'un domestique tient sur un plateau. A part.) Quel regard ils ont échangé. (*Le domestique s'approche de Suzanne*) Oh! les misérables! Arrêtez! ce verre est empoisonné! (*Suzanne pose le verre qu'elle allait porter à ses lèvres.*)

LENOIR.

Un crime! (*Mouvement général.*)

SAINT-ALBAN.

Qui donc en soupçonne-t-on?

LENOIR.

Vous, peut-être!

SAINT-ALBAN.

Moi! Eh bien! que la calomnie retombe sur le calomniateur! (*Avec un mouvement brusque, il boit d'un seul trait le verre déposé sur le plateau.*)

LA COMTESSE.

Ah! malheureux! (*Lagouache lui presse vivement la main.*)

SAINT-ALBAN.

Qu'avez-vous donc, comtesse?

LA COMTESSE, *à part*

Je l'ai tué...

SUZANNE, *pleurant.*

Du secours! du secours!

SAINT-ALBAN, *avec effort.*

Non, non! arrêtez! Contre elle, il n'y en a pas! Que ma destinée s'accomplisse vite! vite, que je signe ce contrat! (*Il signe précipitamment.*) Oh! quelle torture! ... Suzanne, mon père, pardonnez!... d'Holbach! soutenez-moi, que je puisse prier! que je me repente!... (*Il tombe à genoux soutenu par d'Holbach.*)

LENOIR, *fait signe par la porte de droite; deux exempts paraissent. Désignant la comtesse et Lagouache.*

Qu'on s'empare de cette femme et de ce misérable!

FIN DU 7e TABLEAU.

HUITIÈME TABLEAU.

Même décoration qu'au premier tableau. Seulement l'on voit au fond un monastère.

SCÈNE PREMIÈRE.

CHARLOT, RAYMOND, MADELEINE. (*Raymond, dont les cheveux ont blanchi, est assis dans un vieux fauteuil. Madeleine, sur un escabeau, tient une Bible ouverte sur ses genoux. Charlot, vêtu en riche paysan, le nez légèrement aviné, s'appuie au dossier du fauteuil.*)

RAYMOND.

Est-ce bien vrai, ce que vous me dites-là, mes amis?

MADELEINE.

Aussi vrai que la sainte Bible dont je vous lis les paroles divines.

RAYMOND.

Cette jeune duchesse de Saint-Alban veut donc alors faire autant de bien au pays que sa famille y a apporté de larmes et de douleurs, c'est donc un ange qui a épousé un démon.

CHARLOT.

Un ange, c'est le mot. Tenez, moi, par exemple, j'étais devenu mauvais sujet, très-scélérat, et de plus très-pauvre; enfin j'avais tous les défauts. Eh bien! elle m'a dit: « Charlot, retourne au village, je te donne le clos de la Source. » Si bien que me voilà aujourd'hui le particulier le plus vertueux, et le plus gros vigneron de la contrée. Voyez plutôt comme je bourgeonne.

MADELEINE.

A la métairie du Val où vous m'avez permis d'amener Maurice après notre retour d'Allemagne? N'est-ce pas elle qui a fait venir à prix d'or ce savant docteur allemand, auquel nous devons peut-être la raison de notre pauvre insensé?

RAYMOND.

Oh! toi, Madeleine, tu y auras fait au moins autant que le médecin.

MADELEINE.

Ne parlons pas de moi, ne parlons que de madame la duchesse; c'est par ses soins encore que sur les ruines de ce château maudit, s'est élevé ce pieux monastère, comme un pardon demandé au bon Dieu!

CHARLOT.

Ce qui a joliment mis d'argent dans la poche des ouvriers; ils m'ont acheté plus de trente pièces de vin.

RAYMOND.

Et comment se fait-il que cette grande dame, si généreuse, n'ait pas encore visité son domaine de Charny?

MADELEINE.

Elle a voulu passer dans la retraite la première année de son veuvage.

RAYMOND.

Ah! il est mort!

CHARLOT.

Dieu merci!

MADELEINE.

Mais si madame la duchesse se dérobait à tous les regards, elle était toujours présente par ses bienfaits, et nous allons enfin la voir, car c'est aujourd'hui qu'elle vient inaugurer le couvent d'Ursulines que lui devra le pays.

CRIS *au dehors.*

Vive madame la duchesse.

CHARLOT.

Tenez, entendez-vous? La voilà sans doute qui descend de voiture (*Nouveaux cris au dehors.*).

MADELEINE.

Son front se rembrunit.

CHARLOT.

Tout le village l'entoure, la complimente.

RAYMOND.

C'est leur devoir. Que ceux à qui elle a fait du bien lui servent de cortége, allez-y, mes enfants; quant à moi je ne la verrai pas. Je ne verrai pas celle qui porte un nom qui eût été celui d'une autre, si le ciel avait eu pitié de l'honneur d'un vieux soldat.

MADELEINE.

Vous quitter, quand vous avez du chagrin!... Vous savez bien que ça n'est pas mon habitude.

RAYMOND.

Oh! oui, si le sort ne t'eût pas faite orpheline tu n'aurais pas abandonné ton père, toi.

CHARLOT, *à part.*

Diable! il n'est pas bien préparé le bonhomme.

SCENE II.

LES MÊMES, SUZANNE, D'HOLBACH, PAYSANS.

MADELEINE.

Voulez-vous que je continue ma lecture?

RAYMOND.

Oui, oui, la Bible, le livre consolateur.

MADELEINE.

Et miséricordieux... Nous en étions au milieu de la parabole de l'enfant prodigue.

RAYMOND.

Lis.

MADELEINE, *lisant.*

« Je me leverai et m'en irai vers mon père, et je lui dirai, mon père, j'ai péché contre le ciel et contre toi. »

SUZANNE, *s'agenouille et continue.*

« Et je ne suis plus digne d'être appelée ton enfant. »

RAYMOND, *se levant.*

Cette voix! Qu'ai-je entendu?... Elle, elle ici! Elle! la fille perdue!

D'HOLBACH.

Non, mais l'épouse redevenue digne de son père (*Raymond hésite, Suzanne reste à genoux.*).

MADELEINE, *lisant.*

« Et comme elle était encore loin, son père la vit et fut touché de compassion, et courant à elle il se jeta à son cou et l'embrassa. »

RAYMOND.

Suzanne!... mon enfant (*il embrasse Suzanne qui s'est jetée dans ses bras*).

D'HOLBACH.

Ce sera aussi le jour de votre bonheur, de votre émancipation. Plus de corvées, plus de droits vexatoires et arbitraires. La moisson tout entière entrera dans la grange de celui qui aura semé.

TOUS.

Vive madame la duchesse!

SUZANNE.

Oui, mes amis, duchesse, par le titre seulement, mais toujours l'une des vôtres par le cœur, car c'est à l'un des nôtres, à Maurice, que je veux consacrer ma vie.

MADELEINE, *à part.*

Elle l'aime encore!

LE BARON.

Du bruit! c'est lui sans doute, il nous reste une dernière épreuve à tenter pour lui rendre la raison... Venez, venez madame la duchesse vous préparer à remplir le rôle que vous devez jouer.

LES PAYSANS.

Par ici, Maurice, par ici!

CHARLOT.

Par ici Maurice!... Tu ne reconnais donc plus ton chemin?

SCÈNE III.

D'HOLBACH, RAYMOND, MAURICE, WALDEN, MADELEINE, CHARLOT, GARÇONS, JEUNES FILLES.

(*Maurice est en uniforme comme au premier acte. Les garçons du village le suivent ou le précèdent. Le docteur Walden, gravement vêtu, se détache du groupe et va au fond avec d'Holbach.—Pendant ce mouvement, Madeleine et les jeunes filles sont entrées du côté opposé, et sont allées se placer près de la maisonnette.*)

MAURICE.

Merci, merci les enfants, c'est gentil de votre part de venir au-devant d'un pays qui a son congé et quitte le service du roi pour celui des dames.

D'HOLBACH, *au docteur*.

Il me semble que son regard est moins fou.

WALDEN.

Oui, ainsi que je l'avais prévu, la chaîne des idées se renoue, d'abord par le souvenir des faits, puis le souvenir des localités. Voyez comme ses yeux cherchent; le travail s'opère.

MAURICE, *passant la main sur son front*.

Il me semble qu'il y a des siècles que je ne suis venu ici... Où donc est le château? il était par là... et les chaumières..... (*Souriant.*) Ah! les voici, avec les voisins et les voisines sur la porte... un peu vieillies, par exemple. C'est comme vous, père Raymond, la neige des hivers a dégarni le toit.

RAYMOND.

Tu me reconnais donc malgré mes cheveux blancs.

MAURICE.

Pourquoi donc ne vous reconnaîtrais-je pas? (*Le docteur et d'Holbach font approcher doucement Madeleine.*) Pourquoi ne reconnaîtrais-je pas tout le monde?

MADELEINE.

C'est qu'on nous avait dit, ami, que tu avais reçu une blessure à la tête.

MAURICE.

Oh! oui, une blessure bien douloureuse, mais pas à la tête... là... là... (*Il montre son cœur.*) Mais dérange-toi donc, Madeleine ne me cache plus Suzanne. Il faut bien que je la voie, puisque je viens pour l'épouser. (*Écartant vivement tout le monde.*) Suzanne! Suzanne! Personne ne répond!

RAYMOND.

Mais qu'elle vienne donc! Voyez sa colère!

WALDEN.

Pas encore.

MAURICE, *après avoir vainement cherché partout, avec colère.*

Me direz-vous où elle est, vous, Raymond, qui êtes son père, toi, Charlot, qui l'aimais aussi?... (*Eclatant.*) Me le diras-tu misérable?

CHARLOT, *tremblant.*

Oui, Maurice, je te le dirai (*A part.*) Ah! il est toujours très-fort!

MAURICE.

Vous n'osez pas! vous craignez la fureur, le désespoir du soldat déshonoré! Elle est au château, chez ce marquis! voyez, le ciel se couvre. La nuit vient pour protéger le voleur! Ecoutez! c'est le bruit d'une voiture, elle fuit avec lui! Enfants, c'est votre cause! c'est votre injure comme la mienne. Mort, mort à l'infâme seigneur! le feu au château! le feu! le feu! (*Il est en proie à un spasme violent, et tomberait de toute sa hauteur si Raymond et le docteur ne le retenaient dans leurs bras. — Tout le monde l'entoure. Madeleine s'agenouille près de lui.*)

RAYMOND.

Vous l'avez tué!

WALDEN.

Nous n'avons tué que sa folie.

D'HOLBACH.

Attendez! attendez!

SCÈNE IV.

LES MÊMES, SUZANNE. *Suzanne, comme au premier acte, est sortie de la chaumière et se place ainsi que Madeleine aux genoux de Maurice, suivie des jeunes filles qui se mettent à genoux.*

SUZANNE.

Maurice! entends ma voix... à toi pour la vie.

MADELEINE.

Il revient à lui! oh! tout mon bonheur pour sa raison. (*Le docteur a observé sa figure qui a pris une expression lucide.*)

WALDEN, *d'un ton solennel.*

Le ciel a béni mes efforts, ce n'est pas moi, c'est lui qui vous rend un frère. (*Tous s'agenouillent, puis se relèvent peu à peu.*)

MAURICE, *avec joie.*

Je me souviens! je me souviens! oui, vous voilà mes amis .. les voilà aussi toutes les deux (*Désignant Madeleine.*) L'ange de bonté qui s'est dévoué au pauvre insensé.

SUZANNE, *timidement.*

Et celle qui se repent et qui aime!

MAURICE, *avec force.*

Celle qui a vendu son honneur et le mien ! (*Mouvement général.*) Pourquoi ces habits, madame? ce ne sont pas les vôtres, reprenez vos brillantes toilettes, la chaste parure de fiancée appartient à une autre, car ma fiancée, c'est Madeleine.

RAYMOND.

Maurice!

SUZANNE.

Dieu est juste. Mon père, monsieur le baron, je vous l'avais bien dit, j'étais condamnée là haut. Avec le souvenir s'est réveillé un amour, mais un nouvel amour, pur comme la vie de celle qui l'inspire. Ne le refuse pas, Madeleine, à moi l'expiation, à toi la récompense ! (*Les sons de l'orgue se font entendre.*) Entendez ces accords; deux chapelles avaient été préparées, l'une pour le mariage de Maurice, l'autre pour la prise de voile des religieuses. Il a choisi sa fiancée, que le Seigneur m'accepte pour la sienne!

D'HOLBACH, *resté sur le devant du théâtre.*

Allons, je me suis trompé! Inclinons la tête, ô philosophie ! il y a quelque chose au-dessus de toi, c'est la justice de Dieu !

FIN.

NOTA. Les couplets de la scène VI, tableau VI, acte V, peuvent être supprimés sur les théâtres de province, si l'actrice chargée du principal rôle, ne chante pas. — On ne rencontre pas toujours, comme chez madame Lacressonnière, la réunion d'une jolie voix et l'art d'une parfaite musicienne, avec le talent dramatique le plus puissant, le plus passionné, le plus accompli.

Poissy. — Typographie ARBIEU.

www.ingramcontent.com/pod-product-compliance
Lightning Source LLC
LaVergne TN
LVHW010617110826
845149LV00003B/943

* 9 7 8 2 0 1 9 2 0 1 9 9 9 *